人生を切り拓く教訓

現役東大生が読み解く先人たちの歩み方

西岡壱誠

50 Lessons from Masterpieces
for Navigating Life

アルク

はじめに

時代を超えて多くの人に読まれている作品や、国や人種を超えて多くの人から愛されている作品のことを、「名作」と呼びます。

世の中には、たくさんの本があります。有史以来、さまざまな作品が生まれてきました。今も、日本だけでも年間7万冊もの本が作られています。そんなにたくさんの本があるにもかかわらず、多くの人が何度も読み、時代や国の垣根を超えて心を奪われるような、「ほんの一握りの至高の作品」。それこそが「名作」です。そこには人類の叡智や、歴史を超えて残しておくべき世界の真理など、たくさんのメッセージが込められているのです。

でも、そんな名作であっても、昔の作品だから読むのが大変だったり、長くて読み難かったりして、「結局、何を言いたかったのか」が分からなくなってしまうことがあります。

この本は、そんな古今東西、世界の名だたる名作たちが、「何を言いたかったのか」をまとめた本です。こういうメッセージ性があって、こんなことを語るための物語だったのではないかという「名作が教えてくれる教訓」を1冊にまとめました。

この本を読めば、「結局、何が言いたかったのか分からなかった本」も、「読んでいる途中で挫折してしまった本」も、「こういう話だったのか！」と分かるようになるはずです。

とはいえ、もちろん名作には多様な解釈があり、僕が書いた教訓に対して「こういうことも考えられるんじゃないか」というご意見もあると思います。「いろいろな読み方ができる」というのは読書のいちばんの醍醐味であり、素晴らしいことです。だからこそ、今回僕は、読書家である東大生たちとディスカッションをしつつ、僕が考える「この名作のメッセージは、こう考えられるんじゃないか」という解釈を書かせていただきました。

僕の解釈を読みながら、皆さん自身の解釈も加えていただき、その違いを楽しんでもらえたら嬉しいです。

それでは、スタートです！

西岡　壱誠

目次 CONTENTS

CHAPTER I

「人間関係・相手とうまく生きるための教訓」が分かる9冊

CHAPTER 2

「恋と愛・誰かを愛するための教訓」が分かる10冊

CHAPTER 3

「社会と個人・社会の教訓」が分かる11冊

CHAPTER 4

「現代にも続く問題・強く生き抜くための教訓」が分かる9冊

「戦争や個人間の争い・強さと弱さについての教訓」が分かる11冊

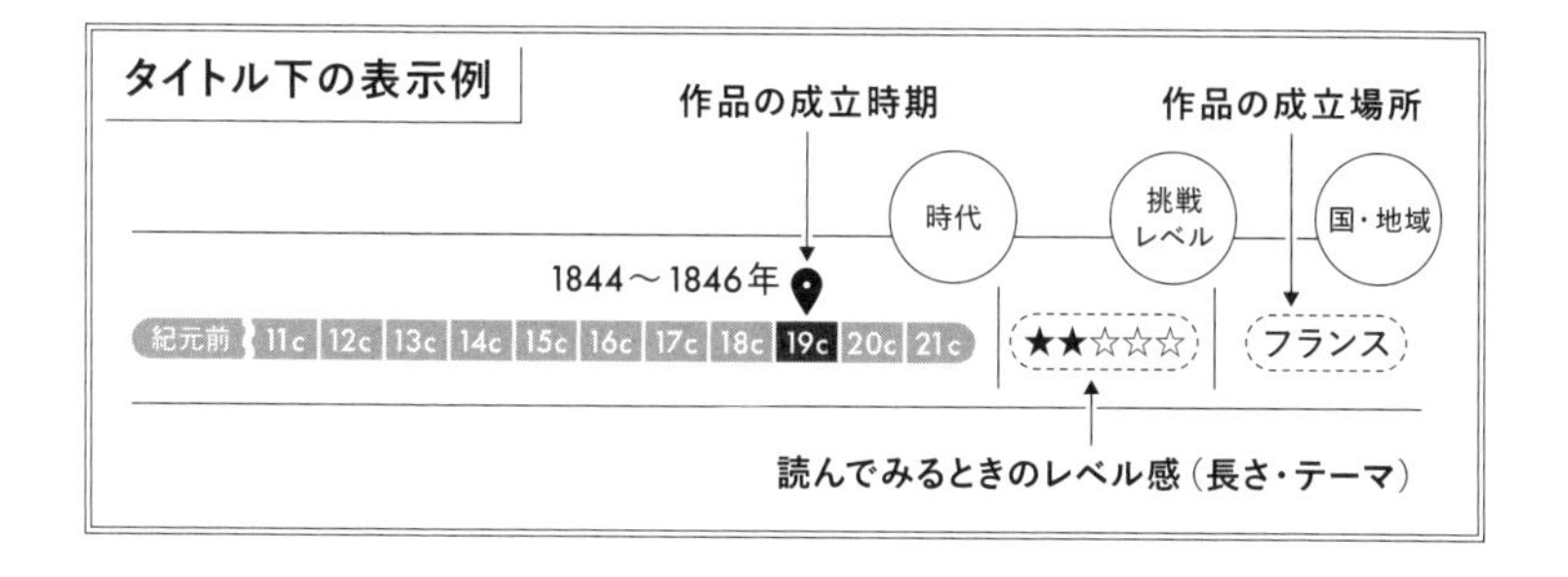

CHAPTER

I

「人間関係・相手とうまく生きるための教訓」

が分かる9冊

ドラマ『3年B組金八先生』では、「人という字は、支え合っている」と語られていました。この言葉どおり、人は他の誰かと支え合いながら生きています。

「人間」とはよく言ったもので、「人と人との間」に人はいます。とはいえ、その関係性を築くことは容易ではなく、憎み合ったり、喧嘩をしたり、嫉妬をしたりすることもあります。また、裏切られることもあるでしょう。

本章では、人間関係をテーマにした本を取り上げます。ここで紹介する作品の中には、最終的に人間関係がうまくいったものもあれば、全くうまくいかなかったものもあります。それでも、作品に描かれた人間関係は、我々のリアルな人間関係にもよいヒントをくれると感じます。ぜひ、学んでいただければと思います。

日本での翻案名は『巌窟王』

『モンテ・クリスト伯』

アレクサンドル・デュマ

教訓

待て、そして希望を持て。

ストーリー

マルセイユで船乗りをしていた主人公のエドモン・ダンテスは、ささやかながら幸せな生活を送っていた。しかしある日、知人たちの陰謀により無実の罪で捕らえられてしまう。その結果、14年もの間、シャトー・ディフという地獄のような牢獄で過ごすことになった。彼の父は息子の無実を訴えて餓死し、結婚の約束をしていたメルセデスは彼を嵌(は)めた相手と結婚してしまう。

時代 1844～1846年 紀元前 11c 12c 13c 14c 15c 16c 17c 18c 19c 20c 21c

挑戦レベル ★★☆☆☆

国・地域 フランス

絶望を感じながら監獄で過ごすなか、ダンテスはファリア神父という高潔な人物と出会う。神父から自分を陥れた人物の正体を聞いたダンテスは、その日から復讐心を支えに生き延びた。

神父はダンテスに知識と教養を授け、息子のように扱った。しかし、持病が悪化し死期が迫ると、「モンテ・クリスト島」に眠っている財宝のことをダンテスに打ち明けた。ダンデスは、神父の死によって再び絶望に陥るが、ふと神父の死体と入れ替わることを思いつく。そして脱獄に成功すると、神父から言われたとおりモンテ・クリスト島へ行き、莫大な財宝を手に入れた。大金持ちになったダンテスは「モンテ・クリスト伯爵」を名乗り、パリの社交界に現れた。自分を陥れた3人に復讐するために。

長い月日が過ぎ、ダンテスのことを知る人はいなくなった。復讐心をたぎらせたダンテスは、自分を陥れた人物の1人にさまざまな形で復讐をしていった。そして、相手から「なぜこんなことをする!?」と問い正されると、「エドモン・ダンテスだ」と、かつての名前を名乗った。すると相手は過去の自分の罪を思い出し、深く後悔するのだった。

ダンテスは2人目への復讐も遂げるが、相手の妻や子どもまでもが自殺してしまったため、「これでよかったのだろうか?」と復讐の是非を悩み始める。さらに、3人目にも復讐するが、命だけは救った。その後、ダンテスは復讐の準備の過程で救った少女エデからの愛の告白を受け入れて、旅立った。

ダンテスは、かつての恩人の息子マクシミリアンに宛てた手紙で、こう語った。「人間の叡智は、すべて次の言葉に尽きることをお忘れにならずに。『待て、しかして希望せよ!』」

教訓

どんなに絶望的な状況でも、人間は耐える強さを持っています。主人公のダンテスは14年もの月日を監獄で過ごしますが、希望を失わずに闘い続けました。そして、味わった絶望の大きさの分、大きな希望を手にしました。

この物語の興味深い点は、「希望」として語られるのが、一般的には否定されがちな「復讐心」であることです。他者に向けた怒りや復讐はマイナスの感情とみなされるものですが、その感情が驚くべき力を発揮することもあります。ダンテスはその力を使い、憎い怨敵(おんてき)に復讐を果たしました。

しかし、人はマイナスの感情だけでは生きていけないのもまた興味深い部分です。最終的に、ダンテスは愛を知り、幸せに向かう道を選びました。

この物語は、単なる復讐劇にとどまらず、「待て、しかして希望せよ！」という明るいメッセージで結ばれています。どのような状況にあっても**希望を捨てず、マイナスの感情から始まったとしても、その先にはきっとプラスの出来事が待っている**という教訓を説いていると言えるでしょう。

身動きとれない主人公がしたことは

『山椒魚』

井伏鱒二

教訓

誰かを許さないと、救われることはない。

ストーリー

主人公の山椒魚は、成長するにつれて自分のすむ岩屋が狭くなり、ある日、ついに出られなくなってしまう。はじめは怒り悲しみ、他の生物に当たり散らした。群れで行動しなければならない小魚の不自由さを嘲笑し、卵を育てる小えびを馬鹿にした。そんなある日、1匹の蛙が岩屋に紛れ込んできた。山椒魚は、その蛙を自分と同じ境遇に置くために岩屋に閉じ込める。2匹は岩屋で口論と我慢くらべを続け

時代	挑戦レベル	国・地域
1929年（昭和4年） 紀元前 11c 12c 13c 14c 15c 16c 17c 18c 19c **20c** 21c	★☆☆☆☆	日本

ながら何年も過ごし、ついに蛙は弱ってしまった。

しかし年月が経つにつれ、山椒魚は次第に内省するようになり、気持ちが変化していく。それまでは自分の運命を呪ったが、今では自分の境遇を招いたのは自分自身ではないかと考えるようになっていた。ついに、山椒魚は蛙に「ここから出てもいい」と言った。しかし蛙は、「もう空腹で動けない」と答えた。

山椒魚が「さぞ恨んでいることだろう」と蛙に尋ねると、蛙は思いがけない返事をした。

「今でも別におまえのことを怒ってはいないんだ」。

教訓

この作品は、多くの人からさまざまな解釈をされています。山椒魚は知識人のメタファーで、知識を溜め込めば溜め込むほど身動きが取りづらくなっていく。その山椒魚が、若者のメタファーである蛙を閉じ込めたのだという解釈もあります。いろいろな解釈ができるのがこの作品の面白いところですが、僕は「誰かを許さないと救われることはない」ということを示しているのではないかと思います。

最初、山椒魚は「自分がこんなに不自由なのに、どうしてお前らはそんなに自由なんだ」と思い、目に映るすべてに怒りを感じていました。蛙に対しても同様で、蛙の自由を許せず、自分と同じ境遇に陥れます。

しかし、山椒魚は自分と同じ境遇の者が現れても救われず、孤独なままでした。たとえ相手を自分のところまで引きずり下ろしても、相手は自分に共感してくれるとは限らないことに気づきます。そして、ついに山椒魚は蛙に「もうここから出て行ってもいい」と言い、蛙の自由を許します。蛙は「もう空腹で動けない」と答え、さらに「今でも別におまえのことを怒ってはいないんだ」と、山椒魚を許します。**最終的には、互いが互いを許し合い、山椒魚は最後に孤独から解放されて、仲間を得る**ことができました。

現代でも、ＳＮＳ上で人の足を引っ張ろうとする人が後を絶ちません。自分が救われるわけでもないのに、不毛なマウントを取ろうとする人もいます。その姿は、はじめの頃の山椒魚と同じで、救われることはありません。逆に、自分より恵まれている人を受け入れることによって、救いがあるのではないでしょうか。

『山椒魚』　井伏鱒二

夏目漱石、後期三部作の最後の作品

『こころ』

夏目漱石

教訓

人はエゴイスト。つい誰かを裏切っては、ずっと苦しむ。

ストーリー

主人公は鎌倉で1人の男性と出会った。男性は不思議な魅力を持ち、主人公は「先生」と慕うようになる。東京に戻ってからも、主人公は先生と交友を続けるが、先生は主人公や先生自身の妻との間に距離を置き、厭世的なことを言ったり、自分を卑下したりする。先生の変わりように驚いた主人公は、先生の奥さんに理由を尋ねるが、昔の先生と今の先生はまるで別人で、変化の理由は分からないと言う。

時代	挑戦レベル	国・地域
1914年（大正3年） 紀元前 11c 12c 13c 14c 15c 16c 17c 18c 19c **20c** 21c	★★☆☆☆	日本

主人公は、先生のことをもっと知りたいと思い、率直に尋ねる。すると、先生は「私は死ぬ前にたった1人でいいから、人を信用して死にたい。あなたはその1人になれますか」と尋ね、いずれ時期が来たら自分の過去を話すと約束する。

大学を卒業した主人公は、父親が病気のため実家に帰省するが、父親の病状は悪化する一方だった。遠方にいる兄に電報を打ち、久しぶりに顔を合わせた兄と、父の死後について話し合う。そして父が亡くなる間際に、先生から長い手紙が届いた。「自由が来たから話す。しかし、その自由は、また永久に失わなければならない」と書かれていた手紙を読み進めると、「この手紙があなたの元に届く頃には、私はもうこの世にはいないでしょう」とある。主人公は手紙を持って東京行きの汽車に飛び乗った。

手紙には、先生の過去の罪について詳細に書かれていた。「君が私の人生そのものから教訓を得てくれるなら満足である」という書き出しから始まり、先生の人生が語られる。先生は20歳になる前に病で両親を亡くし、叔父やその家族と暮らしていたが、叔父に遺産をだまし取られたことから人間不信に陥り、故郷を捨てた。

その後、ひょんなことから下宿先の娘と親しくなり、恋心を抱くようになった。そ

『こころ』　夏目漱石

んなときに、幼少期からの親友「K」が実家や養家とのトラブルにより、過労で肉体的にも精神的にも弱っていることを知る。先生はKを自分の下宿先に住まわせ、下宿先の奥さんやその娘であるお嬢さんに、「Kに温かく接してほしい」と頼んだ。

ある日、先生は、Kからお嬢さんへの恋心を相談される。先生は「先を越された」と思ったが、自分の気持ちをKに伝えることはできなかった。

数日後、Kは先生に「進んでいいか、退いていいか迷っている」と相談をする。先生は「精神的に向上心のないものは馬鹿だ」と言い放った。この言葉は、かつてKが先生に言った言葉だが、そこには「Kにその恋を諦めてほしい」という思いがあった。Kは「僕は馬鹿だ」と言い、さらに「覚悟ならないこともない」と呟いた。先生はKが諦めてくれたのだと思い喜んだが、次第に「覚悟とは、お嬢さんに対して進む覚悟ではないか」と考えるようになり、先生はお嬢さんとの関係を急いで進めることにした。下宿先の奥さんに「お嬢さんを私にください」と申し出た結果、先生とお嬢さんとの結婚が成立したが、それを知ったKは自殺してしまう。

遺書の代わりに、Kから先生に宛てた手紙が遺されていたが、先生への恨みは書かれておらず、「これから先の望みがないから自殺する」とだけ書かれていた。先生は、親友を死なせてしまったことへの深い罪悪感を持ち続け、死ぬ機会を待っていた。そして35年後、明治天皇の崩御と乃木大将の殉死を知り、自殺する決心をした。

先生からの手紙には、妻である「お嬢さん」には本当のことは知らせずに、「過去の記憶を純白に保ったままにしておいてやりたい」という希望が書かれていた。そして、手紙の内容は主人公の胸に秘めておいてほしいという頼みで締めくくられていた。

教訓

夏目漱石の小説『こころ』のタイトルについては、しばしば議論の対象となります。「恋と罪」や「先生の秘密」など、他にも適したタイトルがあったのではないかと思う人もいるかもしれません。それでも、この本が「こころ」と名づけられた理由について、僕なりの考えを述べたいと思います。

僕が思うに、『こころ』というタイトルには2つの意味があります。1つは、エゴイストである自分の「心」です。先生はとても聡明で、Kに対して配慮するような優しいところのある人です。にもかかわらず、先生はKに対して残酷なことをしてしまいます。Kのことを思いやっていたはずの先生が、最終的には自分の恋を優先させてKを裏切るようなことをしてしまいました。このエピソードは、どんな人でもエゴイスティックな一面を持ち、自分の利益を優先させてしまう心があることを示しているのだと思います。夏目漱石の多くの作品には、このようなエゴイストな人間像が描かれていますが、漱石はきっとこの点を強調したかったのでしょう。

もう1つは、**エゴイストであることへの罪悪感が、「心」に深く残り続ける**ことです。先生はKに対する罪悪感を35年間も抱え続け、最終的には自殺しました。『こころ』というタイトルは、誰しもが持っている「罪悪感」を表しているのではないでしょうか。心の奥底にしまっている自分の過ちに対する罪悪感です。人間は社会で生きていく以上、罪を犯さずに生きていくのが難しいものです。高明な人や高潔に見える人でも、誰かに嘘をつき、裏切り、傷つけてしまうことがあります。その罪悪感を心に秘めて生きていくこともできるでしょうが、**時には向き合わなければならない**こともあります。この作品は、そんな2つの心を描くことで、人間の本質を浮き彫りにしようとしているのではないでしょうか。

『ラーマーヤナ』

伝ヴァールミーキ

教訓

信じられることは最強の力に、
信じられないことは最大の否定になる。

ストーリー

『ラーマーヤナ』は古代インドのサンスクリット語の叙事詩の1つであり、ヴァールミーキによって紀元前200年頃に書かれたとされる。『ラーマーヤナ』は口承されてきたヒンドゥー教の人生教訓を説いた叙事詩として、今日に至るまで広く読まれている。結末の異なるさまざまなバージョンが存在し、文学だけでなく、演劇、映画、さらには漫画やアニメなど、多くの形態で親しまれている。ここでは一般的な

時代	挑戦レベル	国・地域
前5世紀～2世紀頃 紀元前 11c 12c 13c 14c 15c 16c 17c 18c 19c 20c 21c	★★★★★	古代インド

ストーリーを紹介する。

主人公ラーマは、コーサラ国の偉大な王ダシャラタの長男として生まれた。彼は魔王ラーヴァナを倒すという特別な使命を持って生まれたことを神々に宣言され、王国の期待を一身に背負う。ラーマは3人の弟と共に育ち、特に弟のラクシュマンとは強い絆で結ばれていた。

成長したラーマは、ミティラ国の王ジャナカの娘シータと結婚する。シータの結婚相手を決めるために開かれた弓の試合でラーマが勝利し、彼女を射止めた。

ダシャラタ王はラーマを次の王に任命しようするが、自分の息子バーラタに王位を継がせたいと考えていた第2王妃カイケーイーの陰謀により、ラーマは王から14年間の森への追放を言い渡された。ラーマの弟ラクシュマンとシータはラーマに同行し、3人は森へと旅立った。バーラタは、ラーマに戻ってくるよう説得するが、追放を受け入れるという王との約束を守るため、ラーマは国に戻ることを拒否した。そこでバーラタは、ラーマが戻るまでラーマの名において統治することを誓った。

ラーマ、シータ、ラクシュマンは、追放中に森でさまざまな試練に直面する。ある日、魔王ラーヴァナによってシータが誘拐される。ラーマはシータを救い出すため、ラクシュマンと共に猿（ハヌマーン）の王スグリーヴァを訪ねた。そして、スグリーヴァが異母兄弟に簒奪（さんだつ）された王国の支配権を取り戻す手助けをする代わりに、シータを奪還するための手助けを得た。こうして、ラーマたちは猿王スグリーヴァとその軍隊の力を借りて、ラーヴァナに戦いを挑んだ。ラーヴァナとの熾烈な戦いの末、ラーマはラーヴァナを倒し、シータを救い出すことに成功する。

『ラーマーヤナ』にはいくつかの版があり、多くの版では、ラーマがシータを王国に連れ帰り、ラーマの支配する栄光時代の始まりをもって結末を迎える。しかし、いくつかの版では悲劇的な結末が描かれている。

国に戻ったシータは子どもを身籠（みごも）るが、それがラーヴァナの子ではないかと疑われ、その噂に耐え兼ねたラーマは、シータを追放してしまう。その後、ラーマは森で暮らすシータに会いに行き、彼女に貞潔であることを証明してほしいと頼んだ。シータは大地に向かって、もし自分が貞潔であれば大地が自分を受け入れるようにと訴えた。すると、大地から女神グラニーが現れ、シータの貞潔を証明した。シータは自らの母である大地に戻ることを選び、二度と姿を見せることはなかった。

ラーマは深い悲しみのなかで王国を統治し続け、自らの義務を果たした後、本来

『ラーマーヤナ』　伝 ヴァールミーキ

の姿であるヴィシュヌ神として天に帰った。

教訓

王子様がさらわれたお姫様を救うために魔王を倒しに行く——これは現代のファンタジー小説の源流のような物語ですが、驚くことに、バッドエンドを迎える版も存在します。それでも、この物語が伝えようとしている教訓を考えると、その結末にも納得がいくような気がします。

この物語は、「信じること」の重要性と、それができないことの残酷さを教えてくれていると考えられます。

まず、ラーマ王子は自分を信じられない人々によって、その立場を追われました。それでも仲間を信じ、その絆の力で魔王を倒し、姫を救いました。つまり、「人を信じる」ことによって成功を収めたのです。

しかし、ラーマはその後、シータのことを信じられなくなります。噂に惑わされ、大切な姫のことを信じられなくなるのです。シータは、そのことに深い悲しみを感じました。ラーマ王子が愛する人を信じられない苦しみを経験したように、シータ姫も愛する人から信じてもらえない辛さを味わったのです。

信じることは非常に難しいことです。片思いでは成り立たず、裏切りのリスクもありますが、それでも**信じることでこそ相手との信頼関係は築かれる**のです。

ラーマ王子は信じる力を持っていたにもかかわらず、魔王を倒した後で、その絆を失ってしまいました。その結果、永遠にシータ姫を失うことになったのです。

信じることは大変で難しいことですが、それでも人を信じなければ相手との関係は生まれません。また、相手を信じられなければ、相手を傷つけることになります。

この物語は、そのような信頼の大切さを教えてくれています。

『ラーマーヤナ』 伝 ヴァールミーキ

文芸雑誌『新思潮』で発表

『鼻』

芥川龍之介

教訓

人の心は両価的。
相手の不幸に同情しつつ、どこかで不幸を期待する。

ストーリー

禅智内供（ぜんちないぐ）という僧は、上唇の上から顎の下まで垂れ下がる、15センチほどの長い鼻を持ち、寺ではそのことを知らない者はいなかった。内供は出家してから50歳を過ぎる今日まで、この鼻のことでずっと苦しんできたが、他人にそのことを知られたくなかったので、表面上はそれほど気にしていないふりをしていた。内供は日常会話のなかで「鼻」という言葉が出てくることを何よりも恐れていた。

その長い鼻のせいで、内供は1人でご飯を食べることができず、いつも弟子の1人に板で鼻を持ち上げてもらっていた。ある時、弟子の代わりに中童子(ちゅうどうじ)が板を持ち上げていた際、中童子がくしゃみをした拍子に手が震え、内供の鼻を粥(かゆ)の中へ落としてしまった。その話は京都まで広まるほどの騒ぎになった。内供はこの鼻を持っていることではなく、この鼻が原因で自尊心を傷つけられることに気を病んでいた。

内供は人がいないときに鏡を見ながら鼻を短く見せる方法を模索し、また、寺を出入りする人々の顔を根気強く観察したりした。彼は、自分と同じような鼻を持つ人を見つけて安心したかったのである。また、仏教や儒教に関する書物の中で、自分と同じような鼻を持つ人物を見つけ出し、せめてもの心の支えにしようとしたが、どの経典にも釈迦の弟子や菩薩が長い鼻を持っていたとは書かれていなかった。

ある年の秋、内供の気持ちよく知る弟子が、医者から長い鼻を短くする方法を教わってきた。鼻をお湯で茹でた後、その鼻を人に踏ませるという非常に単純な方法だった。内供は自分の鼻が物のように扱われることに不快感を抱いたが、弟子の言うことに従っていくうちに鼻は短くなり、一般的なかぎ鼻と変わらない見た目になった。もう誰も笑う人はいないだろうと思い、内供は鏡を見つめながら満足そうに

『鼻』　芥川龍之介

目をしばたたいた。

ところが数日経つうちに、内供は意外な事実に気づいた。寺を訪れた侍が、以前にも増しておかしそうな表情で内供の鼻をじろじろと眺めたのである。かつて内供の鼻を粥の中へ落としたことのある中童子も、内供とすれ違う際に、はじめは下を向いて笑いをこらえていたが、とうとうこらえきれずに吹き出してしまった。内供は、自分の鼻が短くなったことで、かえって恨めしい思いを抱くようになった。誰でも他人の不幸には同情するものだが、その人が不幸を乗り越えると、今度は何となく物足りない気持ちになることがある。内供が人々の態度に不快を覚えたのは、そのような感情を察したからだった。

ある夜、内供は鼻がむず痒(がゆ)いことに気づいた。翌朝目を覚ますと、上唇の上から顎の下まで垂れ下がるほどの鼻がぶら下がっていた。

「もう誰も自分を笑う者はいないに違いない」と心の中で囁いた内供は、どこか晴れやかな気持ちが戻ってくるのを感じた。

教訓

この作品ではコンプレックスを通じて、人間の邪悪な性質が描かれています。誰もが「自分の身体のここが嫌い」と思ったりします。内供はコンプレックスが解決されたにもかかわらず、心が晴れませんでした。むしろ、鼻が元に戻ったことで安堵すら覚える結末になっています。問題が解決しても、また別の問題が発生するのが世の常なのかもしれませんね。きっとこの後、主人公は再び鼻が大きくなったことで笑われるでしょう。そして、また「鼻が小さくなればいい」と考え、鼻を小さくしてまた笑われる。結局、ずっと笑われ続けるわけです。この作品の教訓は、**人間の心には矛盾した感情がある**ということではないでしょうか。他人の不幸に同情はするけれど、その人が不幸を乗り越えると、今度は物足りない気持ちになってしまう。ときには、その人を再び不幸に陥れたいという邪悪な感情を抱くこともあります。主人公は、そうした気持ちを察して嫌な気分になったのです。現代も不幸な話に同情する一方で、その人が幸せになった途端にアンチになる人もいます。人間の本質は変わらず、僕たちは矛盾した感情に気をつける必要がありそうです。

『鼻』　芥川龍之介

現在の大分県が舞台となった作品

『恩讐の彼方に』

菊池寛

教訓

恩讐の彼方にあるのは、希望だ。

ストーリー

主人公の市九郎は、江戸の旗本中川家の中川三郎兵衛に仕える使用人だが、主人の妾であるお弓と恋仲になってしまう。そのことが三郎兵衛にばれて斬り殺されそうになるが、とっさに反撃し、逆に主人を殺してしまった。

市九郎はお弓と共に逃げ、2人で茶屋を営みながら、旅人を襲って金品を巻き上げることで生計を立てた。しかし、市九郎はそんな生活に嫌気が差してきた。お弓

が平然と殺しの指示をすることへの嫌悪感と、自分の悪事への罪悪感で、心がいっぱいになってしまったのである。市九郎は茶屋から逃げ出し、とある寺にたどり着いた。そこで悪事のすべてを懺悔（ざんげ）し、罪を償（つぐな）うために修行に励むことにした。

市九郎は誰かを救うための旅に出た。その途中、多くの人の命が失われる急峻な崖にたどり着いた。市九郎はこの岩壁に穴を掘って道をつくることで、人々を救おうと考えた。岩壁は400メートル近くあり、「そんな場所を掘るなんて不可能だ」と人々は彼の計画を馬鹿にした。しかし、市九郎は諦めなかった。

市九郎は、何年も何年も手作業で洞窟を掘り進めた。そんな市九郎の姿を見て、洞窟の入り口に托鉢の食べ物を置いていく人も現れ始めた。月日を経るごとに里人の態度も変わり、市九郎の努力に感動して助ける人も増えていった。しかし、作業の進み具合が遅いため、途中で助けるのをやめてしまう人も多かった。誰も見ていなくても、市九郎の槌（つち）に込める力は変わらなかった。彼は機械のように渾身の力で作業を続けた。そうしているうちに、彼の記憶から殺しや悪事を働いた過去が次第に薄れていった。

18年の月日が経ち、道の完成が見え始めると、多くの人が市九郎の作業に現実味を見いだすようになった。藩の取り計らいで石工を雇えるようになり、いよいよ完成間近となったとき、彼のもとに1人の人物が現れた。それは、市九郎が殺した中川三郎兵衛の息子、実之助だった。実之助は父の仇討ちのため、旅をしながら父の敵を探していた。市九郎は、自分が実之助の父を殺害した張本人であることを正直に伝えた。実之助は父の復讐のため市九郎を切り捨てようとするが、石工たちが必死に止めに入った。そして、石工の棟梁の説得により、洞門の開通まで仇討ちは延期されることになった。

　それでも実之助は、石工たちには内緒で父の仇討ちをすることを考えていた。しかし、深夜にたった1人で壁と向き合い、一心に鉄槌で岩を叩く市九郎の姿を見てその音を聞いているうちに、復讐心が揺らいでいった。そして、1日も早く本懐を遂げられるようにと、実之助も一緒に槌を振るった。市九郎も、実之助の仇討ちを1日でも早く叶えてやりたいと、より一層槌を振るうのだった。敵同士でありながら、市九郎と実之助は並んで槌を振るい続けた。

　そして、ついに道は完成した。市九郎が掘削を始めてから21年、実之助が来てから1年6カ月が経っていた。市九郎は、「さあ、本懐を遂げなさい」と自分を討たせようとするが、実之助は号泣する。そして、2人は手を取り合った。

物語はこう締め括られる。

「2人はそこにすべてを忘れて、感激の涙にむせび合うたのであった」

教訓

古今東西、復讐の話は多いですが、復讐をやめて相手を許すという展開は非常に珍しいですね。多くの復讐譚(たん)では、復讐する側が主人公になりますが、この物語では復讐される側の市九郎が主人公として描かれています。自分のしてしまったことに後悔の念を抱き、贖罪(しょくざい)の気持ちが芽生えてから21年もの間、孤独な闘いを続けた市九郎の行動は、読者の心も、また、仇討ちをしようとしてきた実之助の心をも動かします。

「恩讐」とは、「情けと恨み」を指す言葉です。誰かを許すことや助けること、反対に誰かを恨み、憎しみ、害すること、この2つを指して「恩讐」と言います。

この物語は、『恩讐の彼方に』と題されています。つまり、情けや恨みといった感情を超えた先にある世界を指しています。

実之助は市九郎を「許した」わけではありませんが、彼を殺すこともできませんでした。それは、市九郎の行為と2人の関係が、そうした次元の話ではなかったからです。市九郎と実之助は、**恨みや憎悪といった感情の揺れ動きを超えた、彼方にいる**のです。

この物語は、「復讐は良くない」とか「罪は許される」という単純な話ではありません。復讐は通常、復讐する側とされる側という二元論で語られがちですが、誰もが憎しみや怒りといった人間的な感情を抱えています。

しかし、その感情を相手にぶつける以外の道もあります。もっと大きな目的や広い視野のなかで、恩讐を超えることができるのではないでしょうか。敵同士でありながら、2人が並んで槌を振るい、最後に抱き合って涙する姿は、そんな希望を示しています。

画家ポール・ゴーギャンがモデル

『月と六ペンス』

サマセット・モーム

教訓

自分が真に幸せならば、誰から否定されようとそれでいい。

若くしてロンドンの文壇にデビューした主人公は、文人や富裕層の人々が集まるパーティーに足繁く通っていた。ある晩餐会で、主人公は主催者の夫であるストリックランドという男と出会う。彼は証券会社に勤める2児の父で、平凡でさえない印象を受けたが、ある日突然、家族を残して蒸発してしまう。

後にストリックランドはパリにいることが判明し、主人公はストリックランド夫人に頼まれて、彼を訪ねることになった。最初はストリックランドが他の女性と駆

時代	挑戦レベル	国・地域
1919年（20c）	★★☆☆☆	イギリス

紀元前 11c 12c 13c 14c 15c 16c 17c 18c 19c 20c 21c

け落ちしたのではないかと疑ったが、実際には1人で貧しいホテル生活を送りながら、画家を目指してひたすら絵の修行に励んでいた。聞くところによれば、彼は子どもの頃から「絵描きになりたい」と思っていたものの、特別な練習をしておらず、1年前にやっと夜間教室に通って絵を学び始めたという。

40歳を過ぎた男が、妻子を捨ててまでやることではないと主人公は彼を非難するが、ストリックランドは耳を貸さず、自分の天命は画家になることだと主張する。残してきた家族のことはおろか、金や地位や女性関係などの世俗のことに全く興味を示さない彼の姿を見て、主人公は説得をあきらめる。

それから5年後、ロンドンでの平凡な暮らしに飽きた主人公は、パリに移り住んでいた。ある日、以前にローマで知り合ったお人好しの画家ストルーヴを訪れると、彼がストリックランドの才能に惚れ込んでいることを知る。主人公はストルーヴに連れられてストリックランドと再会するが、彼は相変わらず貧しい暮らしを続けていた。ストリックランドは展覧会に作品を出さなかったため、作品が売れる機会がなかったのである。

ストルーヴの絵の鑑識眼と、他人の画才を見抜く力には確かなものがあったが、ストリックランドは他人の評価には全く関心を示さず、自分の描きたいものを描くことに異様な執念を燃やしていた。

その後、主人公は何度かストリックランドと交流を持ったが、彼は主人公やストルーヴに会うたびに、必ずと言っていいほど金を無心した。そのうえ、人から援助を受けても礼を言うことも恩義を示すことも一切なかった。さらに、口数が少ないわりには皮肉屋で、人を馬鹿にするような感じで思ったことをそのまま口に出す性格だったため、主人公やストルーヴとの間に距離ができるようになった。

やがて、ストリックランドが重病を患って苦しんでいることを知ったストルーヴは、偉大な芸術家を死なせてはなるまいと、彼を自分の家に引き取ろうとする。しかし、ストルーヴの妻ブランチは、もともとストリックランドを毛嫌いしていたため、その提案に強く反対した。それでも、夫に説得されて献身的にストリックランドの看病をするようになると、次第に彼に対して好意を抱くようになった。最終的にはストルーヴを捨ててストリックランドにつき添う決意をするが、ストリックランドはその愛情を受け入れず、ブランチは悲しみから服毒自殺をする。

主人公はストリックランドに再び会って非難するが、彼は全く聞く耳を貸さなかった。それ以降、主人公はストリックランドと会うことはなかった。

ストリックランドは紆余曲折を経てタヒチに移住し、現地の女性アタと結婚して、孤島で絵を描き続けた。晩年にはハンセン病を患い視力を失うが、それでもなお、理想の表現を追求し続け、最後には自宅の壁に絵を描き続けた。彼を診ていた医師によれば、壁の絵は言葉にできないほど情熱的で官能的、神秘的であり、感動だけでなく恐怖さえも覚えさせるものだったという。しかし、ストリックランドの遺言により、彼が亡くなるとその最高傑作はアタの手によって燃やされた。その後、ストリックランドの絵は高く評価され、驚くほどの高値で取引されるようになった。

主人公が旅行でタヒチを訪れた際、島に住む人たちからこの一連の経緯を聞く。ストリックランドは生涯をかけて1つの世界を創造し、その世界を自らの手で破壊するという、芸術家として完璧な人生を全うしたのだと実感する。

タヒチからロンドンに戻った主人公は、ストリックランド夫人とその子どもたちを訪問し、彼の晩年の話を伝えた。ストリックランドが蒸発して以降、残された家族がそれぞれしっかりと自分たちの人生を歩んでいることを知り、主人公はさまざまな思いを馳せるのだった。

教訓

この作品は、実在した画家ゴーギャンがモデルになっています。ここでの「月」は芸術に対する飽くことのない探究心を意味し、「6ペンス」は世俗的な幸せを意味していると考えられます。

主人公ストリックランドの行動は、資本主義的で世俗的な価値観から見ると愚かに思えるかもしれません。彼は貧しい暮らしを続け、世間の評価を得るチャンスを何度も逃し、成功のチャンスを何度も自ら不意にします。読者はそのような印象を持つことでしょう。

ストリックランドは、「6ペンス」よりも「月」を追い求める人間でした。世間の人からなんと言われようと、彼にとってはどうでもよいのです。自分が追い求める絵を描けることが彼の幸福であり、他人からの称賛を求めていません。自分が追い求める幸せさえ手に入れれば、それで満足なのです。

幸せとはなんでしょうか。パリで贅沢な暮らしができれば幸せでしょうか？　魅力的なパートナーを得ることが幸せでしょうか？　お金をたくさん持つことが幸せ

『月と六ペンス』　サマセット・モーム

でしょうか？　この物語は、「自分の人生において本当に大切なことは何か」を問いかけていています。**富や名声よりも尊いものがある**ことを示しているのです。

「6ペンス」は幸せの象徴として語られますが、当時では、ちょっとした日用品や食料品を購入するなど生活費の一部を担う程度の小さな価値しかありませんでした。このタイトルは、「我々は、自分の人生を賭して、本当は価値がないものを追い求めているかもしれない」という滑稽さを伝えているのかもしれません。

「幸せとは何か」という問いは永遠のテーマです。おそらく1000年後も人類は同じ話をしているでしょう。

その問いに対して、この作品は主人公ストリックランドの「月を追い求める生き方」を選択肢の1つとして提示しています。つまらない生き方をするよりも、他人から馬鹿にされてもかまわないから、自分が追い求める生き方をするほうがよいのではないかというメッセージが、この作品から伝わってきます。

『夏への扉』

ロバート・A・ハインライン

教訓

タイムマシンがなくても、困難は自分の力で乗り越えられる。

ストーリー

天才発明家のダン・デイヴィスは、親友のマイルズと共に会社を設立した。ダンは開発担当で、マイルズは経営担当であった。マイルズの義理の娘リッキィは、ダンや彼の愛猫ピートと仲が良く、大人になったらダンと結婚し、ピートの世話をすると語った。ダンが発明した家事用ロボット「文化女中器（ハイヤード・ガール）」は、人間の手を煩わせることなく掃除をこなす能力を持っていることで瞬く間に売れ、大

時代	挑戦レベル	国・地域
1956年（紀元前／11c／12c／13c／14c／15c／16c／17c／18c／19c／**20c**／21c）	★★☆☆☆	アメリカ

成功を収めた。ところがある日、ダンとマイルズは会社の方針をめぐって対立する。そして、会社の秘書であり、ダンの婚約者でもあったベルがマイルズと結託してダンを裏切り、彼を会社から追放する計画を企てた。ダンは会社から追い出され、発明品も会社もすべて失ってしまった。

絶望の淵に立たされたダンは、以前目にした冷凍睡眠の広告を思い出し、30年間冷凍睡眠をすることにする。しかし、冷凍睡眠に入る前に「ここで逃げるのではなく、マイルズたちと戦うべきだ」と考えたダンは、愛猫で唯一の友でもあるピートを連れてマイルズの家に向かった。そこには1週間前にマイルズと結婚したベルもいた。ダンはベルに対して「結婚詐欺の常習犯」などと暴言を吐くが、油断した隙にベルに催眠術のかかる麻薬を打たれて意識を失ってしまう。ベルは自分たちに嫌疑がかかることを恐れ、ダンの妹と偽って、彼を冷凍睡眠の冷凍室へと運んだ。1970年の出来事だった。

30年後の2000年、ダンは冷凍睡眠から目を覚ます。冷凍睡眠からの覚醒とともに記憶も戻り、自分がどのように冷凍睡眠室に連れ込まれたのかをはっきりと思い出した。ピートと一緒に冷凍睡眠するという自分の計画がマイルズとベルによって壊され、また、ピートがダンに捨てられたと思いながら死んだのだと思うと、激しい憤りを感じた。さらに、資金も友人も失い、30年間ですっかり変わってしまったロサンゼルスで新たな人生を築かなければならない事実に直面した。

ダンの中では、復讐は無意味だという結論に達していた。復讐を遂げたところでピートは生き返らず、自分が捕まって牢獄に入るのは理にかなわないからである。また、記憶喪失に悩まされていた彼は、その原因が長期の冷凍睡眠にあるのではないかと思い、過去に戻って真相を解明したいと考える。そうして実用性に欠ける軍事機密扱いのタイムマシンの存在を知り、発明した博士の虚栄心を利用してマシンを稼働させる。タイムマシンが動き出すと、奈落に転落するような感覚を覚えた。

タイムマシンが何か堅いものにぶつかり、ダンは目覚めた。空から落ちてきたところを目撃していたサットン夫妻に今日の西暦を尋ねると、１９７０年であることが分かった。ダンはサットン夫婦の優しさに触れ、自分を信用してくれる人が目の前にいることを実感する。ダンはサットン氏に製図機と万能ロボットの設計図を託し、それらの機械を製造する会社の設立を依頼した。また、マイルズに盗まれた自らの発明品や図面を彼の家から奪い返し、裏庭にいたピートを保護する。

自分の発明を守り、運命を変えるために行動を起こす決意をしたダンは、リッキィに会いに行く。そして、これからピートと冷凍睡眠に入ること、ベルには愛想をつかしたことを説明し、「君が21歳になっても私に会いたいと思うなら冷凍睡眠をすればいい」と言うと、リッキィは「そうすればお嫁さんにしてくれる？」と尋ねた。ダンは「もちろん」と答え、2人は別れた。そして、ダンは30年後の明るい未来に思いを馳せ、ピートと共に冷凍睡眠に入った。

西暦2001年、ダンは冷凍睡眠から目覚めた。その場には、リッキィが立ち会っていた。ダンとリッキィはピートを介添人として結婚する。

教訓

この物語はSF作品で、タイムマシンや冷凍睡眠といった未来の科学技術が重要な役割を果たしますが、タイトルである『夏への扉』は、とても詩的な表現ですね。物語の中で繰り返し登場するこの言葉は、基本的には「精神が冬のように冷え切っている状態から脱するための手段」を意味しています。

主人公のダンは、さまざまな「冬」を経験します。恋人に裏切られ、愛猫ピートを失い、一文無しになる……。それでも、何度でもやり直そうと努力し続けました。冷凍睡眠により未来に行ったり、タイムマシンで過去に戻ったりもしますが、興味深いのは、**過去に戻ることも未来に行くことも、結局「夏への扉」には至らない**ということです。ダンは復讐を選ばず、困難を自分の力だけで乗り越えていきます。SF作品でありながら、幸せを手に入れる手段はタイムマシンでも冷凍睡眠でもないのです。それでも、最終的にダンは「夏への扉」を見つけることができました。

タイムマシンはまだ実現していませんが、現代ではさまざまな技術が生まれています。家事用ロボットよりも便利なルンバが掃除をしてくれるようになり、生活はこの作品が作られた時よりも何倍も豊かになっています。それでも、人間が必ずしも幸せになっているわけではなく、人生に絶望して死を選ぶ人もいます。この作品は、科学技術によって得られるものではなく、人間の努力や精神力によってこそ幸せを得られることを示しているのではないでしょうか。タイムマシンがなくても人間は困難に立ち向かい、自分の運命を切り開くことができるのです。もし精神的に冬の時期にいると感じているなら、自分の力で「夏への扉」を探してみてください。

『夏への扉』　ロバート・A・ハインライン

寒がりの「竈猫」が主人公

『猫の事務所』

宮沢賢治

教訓

歪んだ組織は削ってしまえ。

ストーリー

軽便鉄道の停車場の近くにある「猫の第六事務所」では、事務所を訪ねてくる猫たちのために歴史と地理を調べる仕事をしている。事務所には4人の書記がいて、1番書記の白猫、2番書記の虎猫、3番書記の三毛猫、そして4番書記の竈(かまど)猫が働いている。彼らは短い黒の繻子の服を着ており、皆から大変尊敬されている。

ところが、竈猫は他の猫から嫌われていた。「竈猫」というのは生まれたときに名

時代	挑戦レベル	国・地域
1926年（大正15年） 紀元前 11c 12c 13c 14c 15c 16c 17c 18c 19c **20c** 21c	★☆☆☆☆	日本

づけられたわけではなく、夜に竈の中に入って眠る癖があるため体がすすだらけで汚れていたことから付けられた呼び名だった。それでも事務長である大きな黒猫は、竈猫にも優しく接していた。

ある日、虎猫があくびをした拍子に机が傾き、弁当箱が床に落ちてしまった。虎猫は弁当箱を取ろうと手を伸ばすが、猫の手は短く、なかなかうまく取れなかった。そこで、竈猫が弁当箱を拾って虎猫に渡したところ、虎猫は「君は僕にこの弁当を食べろというのかい」と怒鳴った。事務長の黒猫が虎猫をうまくなだめ、その場は何とか収まった。

また、ある日、三毛猫が筆を床に落としてしまった。手を伸ばして拾おうとするが、筆に届かなかった。先日のことがあったため竈猫は筆を拾ってやるか迷っていたが、見るに見かねて筆を拾ってやろうとした。ところが、丁度そのとき、机から身を乗り出しすぎた三毛猫がひっくり返って、ひどく頭を打ってしまった。三毛猫は竈猫が押したせいだと怒鳴ったが、その様子を見ていた事務長が三毛猫をなだめた。

このように他の猫たちからいじめられるので、竈猫はとても辛い思いをしていた。

『猫の事務所』　宮沢賢治

「やっぱり僕が悪いんだ、仕方ないなあ」と、竃猫は真ん丸な目いっぱいに涙を溜めながら自己嫌悪に陥っていた。

ある時、竃猫は風邪をひいて足の付け根が腫れ、歩けなくなったため事務所を一日休んだ。竃猫が来ないことを事務長が不思議に思っていると、白猫や虎猫が「海岸へ遊びに行ったのではないか」「どこかの宴会に呼ばれて行ったのではないか」と答えた。事務長は自分が呼ばれない宴会などないはずだと思ったが、そこに追い打ちをかけるかのように、三毛猫が「最近は竃猫があちこちの宴会に呼ばれ、次は自分が事務長になる」と言っていると吹き込んだ。

翌日、足の腫れが引いた竃猫が出勤すると、自分の机の上から大切な原簿がなくなっていることに気づいた。三毛猫、虎猫、白猫に挨拶しても、誰も挨拶を返してくれない。それどころか、事務長の黒猫も、竃猫を知らないふりをした。竃猫はじっと膝に手を置いてうつむいていたが、我慢できずに泣き始めた。その様子を獅子が事務長の後ろの窓から見ていた。そして、中へ入ってきたかと思うと、事務所の解散を命じた。こうして事務所は廃止され、語り手である宮沢賢治の「ぼくは半分獅子に同感です」という言葉で物語は締めくくられる。

教訓

この物語からはいくつかの教訓が得られますが、僕は事務長の態度が一変したことにリアルさを感じて怖くなりました。味方だったはずの人が、他人の噂話に流されていじめに加担するようになる姿は、現実世界でもよくあることのように思えます。事務長の態度の変化を「悪い例」として教訓としているように感じます。

もう1つ重要な教訓は、最後の「ぼくは半分獅子に同感です」という言葉に表れています。「いじめが起こったり、公平性を欠いたりして問題を抱えている組織は、早々に解散したほうがよい」という考え方を、「獅子に同感」という言葉で伝えていると考えられます。ただし、「半分」と言っているのは、「早々に解散したほうがいい」という提案は、やや乱暴であると感じていることも示しているのではないでしょうか。この組織がこれから先うまく回っていくようにはならないでしょうし、公平性を欠いた判断をする事務長は同じことを繰り返す可能性があります。作者は、この**組織を壊すことの必要性と、それが必ずしも最善の解決策ではないという複雑さ**を伝えたかったのではないかと思うのです。

『猫の事務所』　宮沢賢治

COLUMN 1

紙派か、電子書籍派か？

「紙の本派か、電子書籍派か」とよく尋ねられますが、この質問に対しての答えに毎回困ってしまいます。僕は、電子書籍で読む割合が多いのですが、結局、紙の本も買いたくなってしまうからです。

最近はどの本も電子書籍版でも販売され始めていて、浦沢直樹（うらさわなおき）さんの漫画が電子書籍解禁になったときは嬉しかったです。「浦沢直樹さんの漫画、紙の本で揃えるとスペースを取ってしまうから、漫画喫茶で読んで済ませてしまったんだよな。この機会に電子書籍で揃えよう！」と思って、全部電子書籍で買って読み直しました。「やっぱり『PLUTO（プルート）』面白い！」「『BILLY BAT（ビリーバット）』最高じゃん！」と大興奮した記憶があります。

でも、その後に「なんか物足りないな」「やっぱり紙のあの質感を感じながら読みたいな」と思い、一部ですが、結局は紙の漫画を買い揃えてしまいました。僕はそういうことがかなり多く、電子書籍で買ったうえで、本当に気に入ったものは紙の本でも買い直しています。電子には電子の「所有しやすい読みやすさ」があり、紙の本にも、紙にしかない良さがあると感じるのです。

CHAPTER

2

「恋と愛・誰かを愛するための教訓」

が分かる10冊

「愛ほど歪んだ呪いはないよ」とは、漫画『呪術廻戦』で語られている言葉です。この言葉が示すように、愛することは実に複雑で神秘的な行いです。誰もがいまだに愛とは何かについて完璧な答えを見つけられずにいます。坂口安吾の『恋愛論』も、「恋愛とはいかなるものか、私はよく知らない」という文から始まります。

まさに、人を愛するというのは、とても難しいことなのです。裏切られたり失敗したりするリスクもあり、成功の秘訣など誰にも分かりません。それでも、いろいろな愛の形を知ることはとても重要です。

本章では、さまざまな愛についての名作を紹介します。

ナポレオンも繰り返し愛読

『若きウェルテルの悩み』

ヨハン・ヴォルフガング・フォン・ゲーテ

教訓

死ぬことでしか遂げられない想いがある。

ストーリー

舞台は18世紀後半のドイツ。主人公の青年ウェルテルが、親友のヴィルヘルムに宛てた手紙を通して展開するこの物語は、ウェルテルがヴィルヘルムのもとを離れ、ワールハイムというのどかな村に移り住むところから始まる。そこで彼は、上級官吏のS氏と、その娘シャルロッテと出会う。シャルロッテは8人の兄弟姉妹を母親のように世話する美しい女性で、ウェルテルはそんな彼女に心惹かれた。彼女には婚約者がいるという噂があったが、ウェルテルはそのことを気にしないようにし、ダンスパーティーでシャルロッテを誘った。しかし、2人で踊っているときに、シャルロッテ自身からアルベルトという男性と婚約していることを告げられ、ウェルテルは衝撃を受けた。それでもウェルテルは彼女への思いを断ち切れずにいたが、彼女の婚約者アルベルトとも良好な関係を築いていった。ウェルテルとアルベルトは性格が違うものの、互いに好意を持ち、その分別や慎ましさを認め合っていた。ある時、2人は自殺の是非や憂鬱という深いテーマについて語り合った。アルベルトは自殺を愚かな行為と考えていたが、ウェルテルは精神的な限界を超えた人が自殺を選ぶことは卑怯ではないと主張した。

こうした関係は長くは続かなかった。ウェルテルはシャルロッテへの強烈な感情を抑えきれずにいたが、一方でアルベルトのシャルロッテに対する愛もよく知っていたため、彼らの関係を壊すことができず苦悩した。そして、2人に別れも告げないまま、ついに村を去った。それでも、ウェルテルのシャルロッテに対する熱い恋心は冷めることはなかった。彼は、新しい土地での仕事や同僚との人間関係等に耐えられず、仕事を辞めてシャルロッテのいるワールハイムに再び戻った。しかし、シャルロッテはすでにアルベルトと結婚していることを知り、絶望した。

さらに、村で起きた殺人事件の犯人が誰であるかを巡って、ウェルテルはアルベルトと対立し、自らの居場所を失う。ウェルテルは絶望のなかで自殺を決意し、アルベルトにピストルを貸してくれるよう頼む手紙を送った。これを知ったシャルロッテはウェルテルの意図を悟り、悩み苦しみつつも、最終的にはピストルを使いの者に渡す。ウェルテルは、シャルロッテが最後にそのピストルに触れたことに狂気し、自身の額の右側に銃口を押し当て、引き金を引いた。

教訓

この物語が我々に伝えている教訓は、「死ぬことでしか遂げられない想いもある」という実に危険なものです。ウェルテルのどうしようもない衝動と、その衝動を自らの中に押し込むための手段として「自殺」という選択肢が提示されています。

自殺の是非については、世界中のさまざまな場所で議論されてきました。安楽死についての議論は今もなお続いており、国によって対応も大きく異なります。これだけ議論を重ねてもまだ、結論は出ないのです。「自殺」は倫理的にも社会的にも間違いとされていますが、精神的な限界を迎えた人に対して、一概に「愚かだ」と断じることはできません。**この物語が伝えているのは、そうした「どうしようもないもの」**です。

物語を読むと、「愛はそこまで人を狂気に走らせるものなのか」と恐ろしく感じます。そのくらい若きウェルテルが抱えていたものはどうすることもできないもので、彼がその道を選んだのは、ある種、運命だったとも言えます。この作品が発表された当時、鮮烈な内容が多くの注目を集め、ベストセラーとなりました。主人公ウェルテルに共感するあまり、彼を真似て自殺する人が続出したほどです。

しかし、この物語は単に「自殺を容認するべきだ」と語っているわけではありません。主人公ウェルテルは確かにどうしようもない状況に追い込まれていましたが、〝ここまで〟の状況に至る人は少ないはずです。本当にどうしようもないと感じたときは、そうした選択肢があるのかもしれませんが、〝そうした選択もある〟ことを踏まえたうえで、人生を生きることに何らかの意味があるのかもしれません。

漫画化・ドラマ化・映画化ありの長編物語

『源氏物語』

紫式部

教訓

図らずも、誰かの代わりに愛してしまうことがある。

ストーリー

物語は、とある天皇が治世していた時代に始まる。その天皇には多くの妻がいたが、なかでも1人の身分の低い女性を特別に深く愛していた。しかし、その女性は他の妻たちから嫉妬を受けていじめられ、次第に病気がちになる。この女性が産んだ子どもが、物語の主人公「光源氏（ひかるげんじ）」である。

光源氏は、この世のものとは思えないほど美しい赤ん坊で、天皇も非常に可愛が

時代	挑戦レベル	国・地域
1001～1021年頃（平安時代） 紀元前 11c 12c 13c 14c 15c 16c 17c 18c 19c 20c 21c	★★★★☆	日本

った。しかし、光源氏の母親は彼が3歳のときに亡くなってしまう。悲しみに暮れた天皇は、光源氏の母親の親戚で、顔もよく似た「藤壺（ふじつぼ）」という女性を新たに妻に迎えた。この時、藤壺は14歳、光源氏は9歳だった。藤壺は光源氏をかわいがり、光源氏もまた、母親によく似た藤壺に懐いた。しかし、光源氏が12歳を迎え元服すると、一人前の男子とみなされ、藤壺との面会を制限されてしまう。早くに母親を亡くした光源氏は母性を求め、藤壺を愛するようになるが、父でもある天皇の妻であるため、禁じられた愛に苦しむ。藤壺の代わりを求めて、光源氏は多くの女性と関係を持つが、心の底では藤壺を愛していることを思い知るのであった。

ある時、光源氏は意を決して、藤壺にアプローチをする。光源氏の猛アタックに藤壺もついに折れて一夜を共にした。その結果、藤壺は身籠るが、子どもは天皇の子と見做（みな）された。その後、藤壺は出家し、光源氏とは二度と会わない決心をする。

ある日、光源氏は、のちにもう1人の最愛の女性となる「紫の上」と出会う。紫の上は10歳にも満たない少女だったが、藤壺によく似ていた。実は、紫の上は藤壺の親戚筋にあたる少女だった。紫の上が14歳になると、光源氏は半ば強引に、紫の上を妻として迎え入れる。藤壺亡き後、光源氏の心の支えとなったのは紫の上で、光源氏が苦難に立たされたときにも支えとなった。

光源氏は政治的な陰謀に巻き込まれて流罪となり、一時は権力を失うが、数年間会えない間も、紫の上は光源氏を信じ、愛し続けた。その後、藤壺と光源氏の間に生まれた子どもが天皇に即位すると、光源氏は朝廷での影響力を強め、紫の上をはじめとする、愛する女性たちと穏やかな日々を過ごした。

しかし、「女三の宮（おんなさんのみや）」という女性の登場により、光源氏と紫の上の関係に大きな亀裂が入ることになる。女三の宮は、光源氏の異母兄である朱雀院（元の天皇）と藤壺の妹との間に生まれた娘で、朱雀院から女三の宮との結婚の打診をされたのである。光源氏は、女三の宮を受け入れることで紫の上を傷つけるのではないかと思い悩むが、彼女が藤壺に似ているかもしれないという期待を抱き、最終的には女三の宮を迎え入れることにした。

結局、女三の宮とはそれほど深い仲にはならなかったものの、この一件が原因となり、紫の上は失意のあまり病に倒れてしまう。光源氏は紫の上の看病に尽くし、少しでも彼女の心を癒やそうとした。

一方、女三の宮に心を寄せる男性がいた。彼の名は柏木と言い、光源氏の義理の兄の息子であった。ある日、偶然、女三の宮の姿を目にした柏木は、その美しさに心を奪われ、思いのたけをぶつけて女三の宮と一夜を共にする。その結果、女三の宮は身籠った。

この展開は、まさに光源氏の因果応報である。光源氏はかつて、夫のある藤壺と関係を持ち、子どもをもうけたが、柏木と女三の宮の関係もほぼ同じ構図である。光源氏は柏木と女三の宮の関係に気づき、「これも因果応報か」と考えるが、宴席で遠回しに柏木にプレッシャーをかける。柏木はそのことを苦にして病気となり、やがて命を落とすことになった。紫の上もまた、この世を去った。紫の上を失った光源氏は、大きな喪失に苛まれながら、自らも命を終えることになる。

『源氏物語』はさらに続き、『宇治十帖（うじじゅうじょう）』として、光源氏の子どもたちの世代の物語へと展開していく。主人公は、女三の宮と柏木との間に生まれた「薫（かおる）」である。世間では光源氏の子どもとして認識されているが、実際には女三の宮と柏木との不義の子どもであった。薫自身も、「自分は本当に光源氏の子どもなのか？　似てないと噂されているし、母もすぐ出家した……」と、自らのルーツに疑念を抱く。そのためか、薫は影のある人物として描かれ、俗世から離れて仏道修行を好む厭世的な性格であった。

もう1人、主要な登場人物が「匂宮(におうのみや)」である。匂宮の母は光源氏の娘の明石中宮(あかしのちゅうぐう)であり、父は今上帝(きんじょうてい)である。つまり、匂宮は光源氏の孫にあたる。匂宮は光源氏の気質を受け継ぎ、多くの女性に手を出す一方で、薫は一途な姿を貫く人物として描かれている。

ある時、薫は宇治へと向かう。そこでふと目に留まったのが、大君(おおいぎみ)と中君(なかのきみ)の姉妹であった。美しい2人に、薫は思わず見惚れてしまう。その後、偶然そこにいた老婆から驚くべき事実を知らされる。その老婆はかつて柏木の乳母だった人物で、薫の出生の秘密を知っていた。薫は自分が光源氏の子どもではなく、柏木の子どもである事実を知った。

自らのルーツが明らかになり、すっきりした気持ちになった薫は、先ほど見かけた姉妹のうちの姉(大君)を思い出した。話を聞いた匂宮は、「そんなに美しい姉妹ならば自分も」と考え、2人にアプローチをかけることにした。その結果、匂宮は中君を好きになり、すぐに求愛の手紙を送った。一方、薫は大君に心を寄せていた。匂宮と中君はうまくいったものの、薫と大君の関係はなかなか進展しなかった。大君は「私なんかと一緒になったらあなたを不幸にしますわ」と、頑なに薫を受け入れようとせず、２人の関係は終わってしまった。

匂宮と中君は婚約まで漕ぎ着けるものの、光源氏の血を引く匂宮は好色で、その後も多くの女性に手を出してしまう。最終的に、匂宮は母親によって別の女性との結婚を強いられる。大君は妹のことが心配でたまらず、ついには病気となり、亡くなってしまう。

薫は大君の死に大きなショックを受け、ふさぎ込む。その後、妹の中君から「姉ととてもよく似ている人がいる」という話を聞く。それは「浮舟（うきふね）」と呼ばれる人物で、大君、中君の父親の隠し子であり、認知されなかった不遇な人物だった。

薫は浮舟に心を寄せ、アプローチして関係を持つが、そのことを匂宮に知られてしまう。匂宮は浮舟を強引に手に入れ、浮舟は２人の男性の間で苦しむことになる。匂宮は「薫は、あなたを大君の代わりとして見ているだけだ」と言い、浮舟はその言葉に悩まされる。「薫様は私を大君の代わりにしか見ていない。匂宮様も、薫様から私を奪って優越感を得たいだけで、私を本当に愛しているわけではない。結局、私は幸せになれないのだ」と浮舟は苦しんだ。薫は、浮舟が匂宮と会っていたことを知り、浮舟に会いに行こうとするが、その際に送った手紙の内容から、浮舟は自分と匂宮の関係を薫に知られてしまったことに気づく。浮舟は「私の居場所はもうどこにもない」と嘆き悲しみ、宇治川に身を投げた。しかし、浮舟は山寺に拾われて保護される。彼女は俗世から離れ、尼になることを決意する。

「浮舟が生きているかもしれない」という噂を耳にした薫は、すぐに尼寺を訪れるが、これ以上浮舟を苦しめたくなかったのか、直接会うことはなかった。代わりに、手紙を浮舟の弟に託し、間接的に自分の想いを伝えた。浮舟は「私はこの人の想い人ではありません。勘違いされていると思います」と返し、薫と会うことはなかった。物語は余韻を残しつつ、ここで終了する。

教訓

この物語は非常に長く、多くのメッセージを含んでいますが、通底する教訓は「人は、誰かの代わりを求めている」ということだと思います。

光源氏は、母の代わりとして藤壺を愛し、藤壺の代わりに紫の上を愛し、紫の上の代わりに女三の宮を愛そうとしました。しばしば、男性は母親と似た人を、女性は父親と似た人を好きになると言いますが、**「誰かの代わり」に誰かを好きになるのが人間**なのかもしれません。

光源氏も、藤壺の代わりでなく、紫の上自身を愛することができていれば、悲しい別れは避けられたかもしれません。けれども、光源氏はそうできなかったわけです。薫もまた同じです。薫は浮舟を大君の代わりに愛しますが、それを苦にして浮舟は川に身を投げます。この点は、光源氏と紫の上の関係に似ています。光源氏の愛が藤壺への代替であったことに気づき、紫の上が身の上を悲しんだように、浮舟も薫の愛が代替でしかないことを知り、苦しんで川に身を投げてしまったわけです。

それでも、薫と浮舟は最終的に互いを尊重し合う形で通じることができたと思います。2人は結ばれなかったものの、薫は浮舟を思い、浮舟も薫を思い続けたからこそ会うことを選ばなかったと思うのです。

本当にその人と向き合って愛することの大切さを、この物語は描いているのではないかと思います。

作者20代の作品

『刺青』

谷崎潤一郎

教訓

美しい者は強者になる。


物語は、「其れはまだ人々が『愚か』と云う貴い徳を持って居て、世の中が今のように激しく軋み合わない時分であった」という文から始まる。

主人公の清吉は若い腕利きの彫師で、奇抜な構図と妖艶な線を持つ刺青を彫ることで評判だった。彼が気に入る皮膚と骨格を持つ者だけが依頼でき、構図や費用はすべて彼の望むようにしなければならなかった。

清吉は、刺青を彫られるときの客が苦しむ姿を好み、客が苦悶の声を上げるたび

時代	挑戦レベル	国・地域
1910年（明治43年） 紀元前 11c 12c 13c 14c 15c 16c 17c 18c 19c 20c 21c	★★★☆☆	日本

に快さ気に笑った。清吉には長年の宿願があった。それは彼が理想とする美女の肌に、己の魂を込めた作品を彫り込むことであった。

ある日、清吉が料理屋の前を通りかかると、門口で待つ駕籠の簾の陰から女の白い足がのぞいた。清吉が理想とする女であることを雄弁に伝える足だった。「この足こそは、やがて男の生血に肥え太り、男のむくろを踏みつける足」であった。

清吉は駕籠を追いかけるが見失ってしまう。ある日、その女が、馴染みの芸妓の使いとして現れる。長年追い求めてきた理想の美女に、清吉は2枚の絵を見せた。1枚は、静かに処刑を待つ男をゆったりと眺める王妃の絵。「この絵の女はお前なのだ。この女の血がお前の体に交って居る筈だ」と告げる。女はおびえながらも、その瞳は輝きを見せ始める。もう1枚の絵は「肥料」。喜びを目に讃えながら足元に倒れる男たちの骸の上に立つ女の絵だった。

清吉は「これはお前の未来を絵に表わしたのだ。此処に斃れて居る人達は、皆これからお前の為めに命を捨てるのだ」と言った。清吉の言葉に、女は内に秘めた自らの本性を自覚し始める。

その後、清吉は彼女を眠らせ、魂を込めた一作を彫り込んだ。昼夜を超え、明け方を迎え始めた頃、ついに女の背中に巨大な女郎蜘蛛が現れた。まさに、清吉のすべてを注ぎ込んだ作品だった。「己はお前をほんとうの美しい女にする為めに、刺青の中へ己の魂をうち込んだのだ、もう今からは日本国中に、お前に優る女は居ない。お前はもう今迄のような臆病な心は持って居ないのだ。男と云う男は、皆お前の肥料になるのだ……」と清吉は語った。

女はうっすらと目を開いた。もはやそこにいるのは、昨日までの女ではなかった。妖艶なる女郎蜘蛛を背負い、男という男を支配する絶世の美女が誕生したのだった。去り際に、彼女は清吉に言う。

「親方、私はもう今迄のような臆病な心を、さらりと捨てゝしまいました。――お前さんは真っ先に私の肥料になったんだねえ」

教訓

この作品は、人の加虐性と被虐性の表裏一体な部分を教えてくれます。性的嗜好がS（サディスト）かM（マゾヒスト）かという問いがありますが、この作品では、２つ

『刺青』　谷崎潤一郎

が同一線上にあることを語っています。

清吉は、客が苦悶の声を上げるたびに快さ気に笑うというサディスティックな一面を持ち、だからこそ刺青を彫りたいと考えました。

しかし、物語のラストシーンではその関係性が逆転し、女性が清吉を支配するようになります。清吉は自ら女性の肥料になったのです。**加虐性と被虐性は、表裏一体。**ここには、そんな性的嗜好の奥深さが示されています。

この作品では、「すべて美しい者は強者であり、醜い者は弱者であった」ことを物語っています。美しいものを生み出す清吉は美しいものの虜になり、「自分で生み出した美しさに支配されたい」という願望があったと解釈できます。芸術と向き合うということは、ひょっとしたらそういうことなのかもしれません。

作者の実体験から生まれた作品

『伊豆の踊子』

川端康成

教訓

人間同士の純真な交流は、心のよどみを洗い流す。

ストーリー

一高（第一高等学校の略、東京大学教養学部の前身）の学生である20歳の主人公は、孤児として育ったせいで自分の性格が歪（ゆが）んでいるという自省に堪え切れず、心の平安を求めて1人伊豆へ旅に出る。道中、主人公はある旅芸人の一座と出会う。その中にいた踊子に心惹かれた主人公は、彼らと一緒に下田まで旅をすることにする。彼らは家族で旅芸人をしていて、主人公は一行を率いる踊子の兄から身の上話を聞きなが

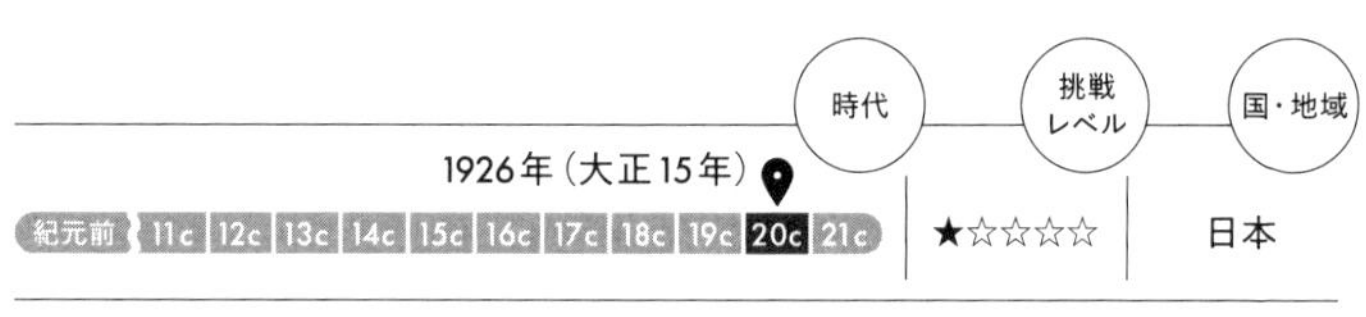

ら、徐々に交流を深めていった。

途中で立ち寄った茶屋の老婆は「旅芸人なんて客さえあればどこにでも泊まる」と彼らを蔑視しており、主人公も最初はその言葉を真に受けていた。しかし、道中の宿で茶を運んできた踊子が恥ずかしそうに顔を赤らめ、震えた手で茶をこぼしてしまう無垢な姿を目の当たりにし、主人公は自らの考えを改める。

その夜、主人公が泊まる宿の向かいにある料理屋に、あの旅芸人たちが呼ばれたことが分かった。主人公は遅くまで続く宴席の様子をうかがいながら、今夜、踊子が男客に汚されてしまうのだろうかと悶々とした夜を過ごす。

翌日、主人公が朝湯に浸かっていると、川向こうの湯殿でこちらに向かって大きく手を振る踊子の姿を見つける。自分のことを見つけた喜びで裸身のまま無邪気に振る舞う姿を見て、「十七、八くらいと思っていたが、踊子はまだ子どもなのだ」と気づいた。主人公は心の靄（もや）が晴れて、自然と笑みがこぼれた。

その後も旅芸人の一行と道中を共にする間、主人公は踊子の純真な振る舞いや無垢な美しさに触れて、ますます心惹かれていく。やがて下田へ到着すると、主人公は踊子と映画を観に行く約束を果たそうとする。しかし、踊子の母が反対し、主人公は1人で寂しく夜を過ごすことになる。

いよいよ旅芸人一行との別れの日が来たが、出発が早朝だったため、見送りに来たのは踊子の兄だけだった。主人公は寂しさを覚えるが、港の乗船場まで来ると、踊子の姿が目に入った。他の仲間を置いて主人公を見送りに来ていたのだった。

2人きりになったが、踊子は下を向いたまま主人公の言葉にただうなずくだけで言葉を返さない。そうこうしているうちに、船に乗り込む時間が来てしまった。

結局、踊子と深い仲になることはなかったが、主人公は澄み切った気持ちで満たされていた。一行と心の交流を持ち、また、踊子の純真無垢な姿に触れて、彼の歪んだ心はいつの間にか真っ直ぐになっていた。とめどなく流れる涙をそのままに、暗い船室で主人公は1人甘い快さを噛みしめた。

教訓

今の時代、情報技術の発達によって、人間の暗部に触れやすくなっています。どんなに清廉に見える人でも、ＳＮＳの裏アカウントでネガティブな投稿をしている

『伊豆の踊子』 川端康成

かもしれません。欲に塗れたことを考えているかもしれないし、相手に対して過度に攻撃的な態度をとっているかもしれません。検索すれば、人の暗部が見えてきます。人と会話をしていても、「この人も、裏ではＳＮＳで何を言っているのか分からないよなあ」と考えてしまい、なかなかうまく話ができないこともあります。人の心の闇に触れやすい時代にあって、この作品では「相手の純粋さに心を打たれる経験」に出会うことができます。現代でも、「子どもと接していると心が洗われるようだ」と語る人がいます。「赤ちゃんを見ていると心がほっこりする」という人もいます。それは、おそらくこの物語でいう〝踊子と話しているかのような感覚〟なのではないでしょうか。この作品では、踊子との交流を通して、主人公が次第に純粋になっていく様子が描かれています。

人は元来、純粋で汚れのない精神を持っているのかもしれません。子どもは純粋さを保っていますが、大人になるにつれて心が黒くよどんでいきます。**純粋な存在は、心の汚れを取り払ってくれる**のかもしれません。もし皆さんが「心が荒んでいるな」「汚れているな」と感じたら、純粋な人を探してみましょう。純粋な心持ちの人によって無垢な自分に戻れるのではないでしょうか。

作品の舞台は新潟県の湯沢温泉

『雪国』

川端康成

教訓

恋は、雪のように美しくも冷たい。
命もまた美しく、孤独に溶けて消えていく。

ストーリー

主人公の島村は、親の遺産で自由奔放な生活を送っている文筆家で、妻子持ち。12月の初めに雪国の温泉場に向かう汽車の中で、病気の男に付き添う若い娘、葉子(ようこ)に心惹かれた。島村は妻子持ちの身でありながら、昨年の夏から芸者の駒子(こまこ)と深い仲になっていた。「駒子は許嫁(いいなずけ)の治療費を稼ぐために芸者になった」と聞かされていたが、汽車で見たこの病人こそが駒子の許婚だった。

時代	挑戦レベル	国・地域
1935〜1948年（昭和10〜23年） 紀元前 11c 12c 13c 14c 15c 16c 17c 18c 19c **20c** 21c	★☆☆☆☆	日本

翌日、駒子に誘われて彼女の住んでいる家の屋根裏部屋に向かった島村は、そこで汽車で出会った病人（行男）と葉子と再会し、交流を深めた。葉子は悲しいほどに美しい声の持ち主で、行男のことを好きなようだった。島村は滞在中に毎夜、駒子と共に過ごした。

雪国から帰る際、駒子に見送られて東京に向かおうとする島村のもとに、葉子が駆けつけ、行男の危篤を知らせた。島村は駒子に「早く行ってやれ」と言うが、駒子は「いや、人が死ぬのを見るのなんか」と拒否した。その言葉は、薄情とも、熱い愛情とも感じられた。

島村は翌年2月にまた訪れると約束したが、島村が再び温泉宿を訪れたのは翌々年の秋となった。再訪した雪国で、島村は駒子に恨み言を言われ、行男が亡くなったことを聞かされた。それから駒子は、毎日、座敷の合間に島村の部屋を訪れた。島村は駒子だけでなく、葉子とも話すようになり、真剣な眼差しを持つ彼女に惹かれ始めるが、葉子はまだ行男を愛しているようだった。その様子に、駒子は「死んだ人に対して恋をしているとキチガイになる」と否定した。

島村はそれから3年のうちに雪国の温泉場を3度訪れたが、訪れるたび駒子の境遇は変わっていった。妻子を持つ島村は、駒子と別れなければならないと感じるようになるが、駒子は島村の気持ちを察し、葉子のことを島村に託そうとする。島村が葉子に惹かれていることを見抜いたのだ。

島村が「これを最後の訪問にしよう」と決意して温泉場に滞在していたとき、村の繭倉（まゆぐら）を利用した映画館で火事が発生する。なまめかしい天の川が広がる夜空を見ながら火事の現場へ向かう途中、駒子と島村はそこから1人の女が落ちるのを目撃した。葉子だった。その瞬間、島村は葉子の内なる生命の変わり目のようなものを感じた。島村は、葉子を初めて見たときのことを突如思い出し、これまで駒子と過ごしてきた年月が照らし出されるような錯覚を覚え、切ない苦痛と哀愁を感じた。人混みに押されながら葉子を抱き抱えようとする駒子は、自ら犠牲か刑罰を背負っているように見えた。同じく、葉子を運び出そうとする人混みに押し倒された島村が、起き上がろうとして上を向いたとき、満点に広がる天の川が自身に流れ込んでくるように感じたのだった。

教訓

「トンネルを抜けるとそこは雪国だった」という冒頭の1文はあまりにも有名です。この文に象徴されるように、物語は基本的に雪国での出来事が描かれています。「雪」は、主人公たちの恋を表しているように感じます。雪も恋も、残酷なほどに冷たくて、孤独でありながら美しいものです。

例えば、駒子は許嫁（本人は否定していますが）の行男が死にそうなときに、「死ぬところなんて見たくない」と言います。墓参りもしようとせず、挙げ句ずっと行男のことが好きな葉子の気持ちを否定します。この様子は一見冷酷ですが、相手への愛情がなければ、ここまで頑なではないはずです。残酷なほど冷たくて、孤独だけれどその奥には何か熱いものがある。このように、物語は「雪」と「恋」が絡まり合って1つの物語になっています。

主人公の島村は、駒子に惹かれていて何度も夜を共にしますが、妻子ある身であるがために一緒に未来を描くことはできません。だからこそ、駒子と一緒にいないほうがよいのではないかと思い、「これを最後にしよう」と考えます。その姿は駒子からすれば冷酷に思えますが、その選択は駒子のことを思ってのもの。その奥には愛があります。

葉子は最後に死を選びます。恋だけでなく、命もまた、雪のように儚いことを示していると思います。孤独の中にあった彼女の命は儚く散り、その死の中に、主人公は美しさを感じます。「悲しいほどに美しい声の持ち主」だった彼女の命の終わりを見届けたとき、島村は彼女のその末路も含めて「美しい」と認めます。彼女の命もまた、**雪のように儚いからこそ、美しく感じられる**のです。

この物語は、文章や1つひとつの言葉選び、情景描写のすべてが「美しい」。「雪」というテーマが、恋や命を表すメタファーとして描写され、我々の生が雪のように儚くも美しいものであることを感じさせてくれます。

『雪国』　川端康成

高校教科書でもおなじみ

『檸檬』

梶井基次郎

教訓

その悩み、想像の世界で爆発させよ。

ストーリー

主人公の青年は京都で暮らし、美しい音楽や詩、画本を好んでいた。しかし、いつの頃からか、「得体の知れない不吉な塊」と名づけた心の抑圧を感じ始め、それまで楽しんでいた美的なものに触れても居たたまれない気持ちを抱くようになった。やがて街から街へと浮浪する日々を送るようになり、生活は困窮した。青年は、古びた洗濯物が干してあったり、がらくたが転がったりしているような、みすぼらしい

時代	挑戦レベル	国・地域
1925年（大正14年） 紀元前 11c 12c 13c 14c 15c 16c 17c 18c 19c **20c** 21c	★★☆☆☆	日本

街や裏通りを好んで歩いた。そのような路地を歩きながら、誰1人自分のことを知らない遠い土地に来たと、わざと錯覚し、現実逃避することを楽しむようになった。

友人の下宿を転々としていた青年は、ある朝、何かに追い立てられるように外を歩き、果物屋の前で足を止めた。普段、その店で買い物をすることはなかったが、その日はたまたま目に入った檸檬を衝動的に購入した。

青年は、買った檸檬を手に握ったまま、時を忘れて街を歩いた。その檸檬の色や形、冷たさ、香り、重みのすべてが快く、心の中の「得体の知れない不吉な塊」がゆるんでいくのを感じた。昔から求めていたのはこの檸檬から得られる五感の刺激だったのではないかという幸福感に包まれながら歩き、気づくと丸善の前に立っていた。以前は好きな場所の1つで、そこに並ぶ趣味のいい舶来品はいくら眺めても飽きることはなかったが、いつしか店内で目にするものすべてが借金取りの亡霊に見える重苦しい空間に感じるようになっていた。しかし、檸檬を手にした今ならやすやすと入れるように思えて、青年は勇んで店に足を踏み入れた。

しかし、どうしたことか、幸福な感情は徐々に逃げていってしまう。画集を手に取っても味わえず、ただ憂鬱な気分で眺めるだけだった。青年は、ふと袂(たもと)に入れていた檸檬の存在を思い出し、本の山の色彩と檸檬とが調和する様子を見てみたいという衝動に駆られる。先ほどまでの興奮を取り戻しながら本を積み上げては崩し、やっと思うような造形を完成させた。そして、その上に檸檬を置くと、檸檬の色彩が全体の色調を吸収して冴え渡り、その周辺の空気だけが変に緊張しているような感覚を覚えた。さらに、「この檸檬が爆弾となって、気詰まりな丸善が木っ端みじんになる」という妄想が浮かび、そのまま何食わぬ顔で店を出て行った。「まもなく大爆発が起こるだろう」と想像し心を躍らせながら、主人公は1人京極の街を下った。

教訓

難解な小説ですね。「結局、得体の知れない不吉な塊って何?」と思うかもしれません。でも、皆さんだって「この檸檬が爆弾となって、気詰まりな丸善が木っ端みじんになる」というような妄想をすることがあるのではないでしょうか。例えば、つまらない授業を受けているときに、「テロリストがやってきてこの教室を占拠したら、自分はどう戦うだろう?」と考えたことはないでしょうか。静寂に包まれた式典で、「ここで声を上げたらどうなるんだろう？」と妄想をしたことがある人もいるでしょう。人間は、どんなに閉塞的な状態でも、どんなに苦しい悩みを抱えていたとしても、悩みが吹っ飛ぶような妄想をすることはできます。

最近、「ゾン100〜ゾンビになるまでにしたい100のこと〜」という漫画・アニメが流行りました。これは「ブラック企業に勤める主人公が、ゾンビで埋め尽くされた世界で仕事に行かなくて済むことを喜び、自分のやりたいこと100個を実現させるために頑張る」というストーリーです。「明日会社がなくなったらいい」「明日学校がなくなったらいい」「明日世界が終わったらいい」と考えたことのある人たちからこの作品はとても評価され、「観ていて気分がよかった」という感想が多くあったようです。

『檸檬』も同様に、**妄想が人の悩みを解決してくれる**ことを教えてくれていると思います。どんなに苦しい状態でも、悩みを吹き飛ばすような妄想をすることはでき、それが救いになるのです。もし皆さんが悩んでいることがあるのなら、その悩みを「吹き飛ばして」みてください。そんな妄想で自らの世界をもっと明るくしてもらえればと思います。

『檸檬』　梶井基次郎

作者の造語が解釈に幅を持たせる作品

『銀河鉄道の夜』

宮沢賢治

教訓

他者のために力を尽くすことが、本当の幸せを呼ぶ。

ストーリー

主人公のジョバンニは、貧しい家庭に生まれた孤独な少年だった。父親は漁に出たきり帰ってくる気配はなく、ジョバンニは病に伏せる母親に代わって、学校に行く以外は朝から晩まで働き詰めだった。そのため友達と遊ぶ時間も、親友のカムパネルラと話す時間もほとんどなかった。学校では、父親がラッコの密漁で捕まっているのではないかと同級生から冷やかされることもあったが、幼馴染みのカムパネ

時代	挑戦レベル	国・地域
1924～1931年（大正13～昭和6年） 20c	★☆☆☆☆	日本

ルラだけは一緒になってからかってくることはなかった。

ケンタウルス祭の日の晩、ジョバンニが牛乳屋に行く途中で、祭りに向かう同級生とすれ違い、またもや父親のことで冷やかされた。ジョバンニは自分が何もしていないのに好き勝手言われることに悔しさを感じ、何とも言えない寂しい気持ちになった。その思いを晴らそうと、ジョバンニは丘を駆け上り、「天気輪（てんきりん）」（天体観測装置）の柱の下で美しい星空を見上げていた。

すると、どこからか「銀河ステーション、銀河ステーション」という声がした。同時に、目の前が明るくなったと思うのも束の間、ジョバンニは鉄道に乗って窓から外を眺めている自分に気がついた。さらに、ジョバンニのすぐ前の席には、濡れた黒い上着を羽織ったカムパネルラが座っていた。

列車は天の川に沿って銀河の南のほうへと進み、2人はしばらく景色を楽しんだ。すると、カムパネルラが突然「おっかさんは、僕を許してくださるだろうか」と話を切り出した。ジョバンニはその言葉にひどく驚いたが、カムパネルラは「本当に良いことをしたら誰でも一番幸せなのだから、おっかさんは、僕を許してくださると思う」と、何かを決心した様子で話した。

銀河を旅するなかで、2人は牛の祖先の骨を発掘している大学士や、商売人である鳥捕りなど、不思議な人物たちに出会った。やがて、6歳くらいの男の子と12歳くらいの女の子、そして彼らの家庭教師をしている青年が、新たに乗車してきた。青年は、乗っていた船が氷山にぶつかって沈み、気がついたら鉄道に乗っていたのだと説明した。皆でさまざまな話を交わしていると、向こう岸の野原に蠍(さそり)の火が燃えているのが見えた。

女の子は父親から聞いたという蠍の話を語り始めた。蠍はこれまで多くの生き物を食べて暮らしていたが、いざ自分がイタチに食べられそうになると命からがら逃げ、イタチが生き延びるのを阻止した。そのことにやるせなさを感じた蠍は、「来世はまことのみんなの幸いのために私のからだをお使いください」と神さまに願った。こうして真っ赤な美しい火になった蠍は、今でも夜の闇を照らし続けているという。

3人はサウザンクロス駅で降車し、車内は再びジョバンニとカムパネルラの2人だけになった。2人は、本当の幸せとは何かを探しに行くことを約束した。にわかにカムパネルラは、窓の外の遠くに見える野原に自分の母親がいると叫んだ。しかし、ジョバンニには、その景色が白く煙っているだけで、何も見えなかった。ジョバンニが再びカムパネルラのほうを振り返えると、いつの間にか彼の姿も消えていた。

悲しみのあまり、「咽喉（のど）いっぱい」泣き叫んだジョバンニは、目を覚ますと元いた丘の上に立っていた。夕飯をまだ食べていない母親を思い出し、急いで牛乳屋に寄って家に帰る途中で、川に人だかりができているのを見つけた。そこでジョバンニは、カムパネルラが同級生を助けるために川に飛び込み、そのまま行方不明になったことを知る。しかし、ジョバンニは、カムパネルラはもう銀河のはずれにいて、決して帰ってこないような気がしてならなかった。

その場に居合わせたカムパネルラの父親は、ジョバンニの父親がもう間もなく帰ってくることを伝えた。さまざまな思いで胸がいっぱいになったジョバンニは、母親のもとへ一目散に駆け戻った。

教訓

この作品は多くの人に人気のある小説です。美しい描写と深い哲学的要素によって、読んだ人たちの心に強い印象を残します。

物語に描かれる「自己犠牲」という概念は、他人を助けるために自分を犠牲にする行為です。我々動物は、生きるために他の動物を食べて命を繋ぎます。対して、自己を犠牲にして他人を助ける行為は、多くの人にとって「美しく」映ります。それこそ銀河のように。カムパネルラは、他人を助けるために銀河のはずれに行ってしまいました。しかし、彼の行為は単なる悲劇として描かれているわけではありません。カムパネルラの自己犠牲は美しく、自らの死を願った蠍と同様に、彼の死後も銀河の中で生き続けるのです。

誰かが死ぬのは悲しいことですが、この作品では死を単なるマイナスの出来事としては描いていません。誰かが自分の命を救ってくれたように、**いずれはあなたにも誰かの命を生かす瞬間が訪れる**でしょう。その順番が回ってきたときに次に譲ることは、銀河の一部になるようなものだと示しています。

死は、ただ悲しむだけのものではありません。そして、自分を犠牲にして他人を助ける行為は、それ自体が美しいのです。平和な時代のなかで、「死」は遠くに追いやられ、命を大切にする感覚はだんだん薄れてきているように感じられますが、死と向き合うことで、生きる意味をより深く理解できるのではないでしょうか。

『星の王子さま』

アントワーヌ・ド・サン＝テグジュペリ

教訓

大切なものは目には見えず、特別な存在は見えないもので作られる。

ストーリー

物語は、砂漠に不時着した飛行士が不思議な少年と出会うところから始まる。その少年(王子さま)は、自分の故郷である小さな星のことや、これまでに体験した旅のことを語り始めた。

王子さまの星は1軒の家よりほんの少し大きいくらいで、そこには3つの火山と1輪のバラがあった。バラは美しくて誇り高く、その態度によって王子さまをしば

時代	挑戦レベル	国・地域
1943年 (20c)	★☆☆☆☆	フランス

紀元前 11c 12c 13c 14c 15c 16c 17c 18c 19c 20c 21c

しば困惑させた。彼はバラを深く愛し世話をしていたが、バラとの喧嘩をきっかけにその関係に悩み、自分の星を離れて旅に出ることにした。

最初に訪れたのは、ある王様が住む星だった。王様は誰もいない星で自分の権力を誇示するが、王子さまにはその意味が理解できなかった。次に訪れた星には、虚栄心に満ちた男が住んでいた。彼は他人からの賞賛を求めていたが、王子さまは空虚さを感じた。

さらに旅を続けると、飲んだくれの男がいる星にたどり着いた。彼は恥ずかしさを忘れるために酒を飲み続けていたが、その行為は自己矛盾でしかなかった。次の星にはビジネスマンが住んでいて、彼は数えきれないほどの星を所有していると信じ、そのことに執着していたが、王子さまにはその価値が理解できなかった。

5つ目の星には、街灯点灯夫が住んでいた。彼は休むことなくランプを点けたり消したりしていた。その勤勉さと忠実さに王子さまは共感を覚えるが、効率の悪さに疑問を感じる。

6つ目の星には、地理学者が住んでいた。彼は探検家の報告をもとに地図を作るが、自ら探検することはなかった。その無意味さに、王子さまは失望してしまう。

最後に王子さまは、地球に到達した。地球には火山がたくさんあり、バラも何千本もあった。自分が愛していたバラがありふれたつまらないものに思えて、彼は泣いてしまう。しかし、王子さまが心を通わせた1匹のキツネが、それは違うと言い、王子さまに「飼い慣らす」ことの意味を教えた。それは特別な関係を築き、互いに必要とされる存在になることを意味していた。この教えを通じて、王子さまはバラとの関係の大切さを再認識した。

王子さまと飛行士の対話は続き、彼らは互いの心の内を共有する。飛行士は王子さまの話を聞くことで、人間関係の本質や愛の意味を再発見する。一方、王子さまは地球での体験を通じて成長し、バラのもとへ帰ることを決めた。彼は、毒蛇にかまれることで肉体を離れ、魂として星に帰ることを選んだ。その別れは飛行士にとって悲しいものだったが、彼もまた王子さまの教えを胸に刻んだ。

物語の最後には、飛行士が星空を見上げるたびに王子さまを思い出すことが語られる。彼は、星々の中に王子さまの笑顔を見つけることで、希望と愛を感じ続けるのだった。

『星の王子さま』 アントワーヌ・ド・サン=テグジュペリ

🔥 教訓

キツネが王子さまに語る「大切なものは目には見えない」という言葉はあまりにも有名です。「目に見えるもの」という点で考えると、バラも火山もたくさんあります。しかし、目には見えないものが存在することで、ありふれたバラが特別なバラになります。王子さまはバラを例に挙げて話していますが、我々にも同じことが言えます。世の中にはたくさんの人がいて、容姿も似通っていますが、その中の誰かを特別に感じるのはなぜでしょうか。

この物語は、その答えを教えてくれます。「目には見えないさまざまなことによって、特別にしていく」のだと。

特別な愛情を持つというのは、まさに目には見えないつながりによって相手が特別になっていくことです。これは「偏り」を表しています。

キツネが言ったように、たくさんのバラの中で1本のバラだけを特別に感じ、特別な愛情を持って高い優先順位をつけるのです。崖で落ちそうになっている人が2人いるとして、1人はあなたの恋人で、もう1人は知らない人だったとします。ほとんどの人は恋人を優先して助けるでしょう。人は本来、平等に命が与えられていますが、自ずと優先順位をつけてしまいます。しかし、そうした偏りこそが愛情であり、何かを特別に思うということなのです。

誰かと一緒に過ごした時間や思い出、その人を愛しいと思う感情は目には見えません。この〝目には見えないこと〟の積み重ねが偏りを生み、相手を特別な存在にしていきます。我々は偏ってもいいのです。特別な存在をつくり、その存在に優先順位を高く設定することも許されるのです。

さまざまな苦労を重ねるなかで、目に見えないつながりが築かれていきます。この物語は、偏りや苦労がより深い絆を生み、それを受け入れることの大切さを教えてくれています。

『星の王子さま』 アントワーヌ・ド・サン=テグジュペリ

愛について深く分析

『愛するということ』

エーリヒ・フロム

教訓

愛することは決して簡単ではない。鍛錬が必要だ。

ストーリー

愛することは、人間に自動的に備わっている機能ではなく、表面的なテクニックでもない。

著者のフロムは、心理学の世界に大きな影響を与えたフロイトの弟子で、社会心理学をテーマにした『自由からの逃亡』の著者としても知られる。フロムの生きた時代は、商業主義が進み、「お金を払って何かを得る」という契約的な考えが主流だ

時代	挑戦レベル	国・地域
1956年 紀元前 11c 12c 13c 14c 15c 16c 17c 18c 19c **20c** 21c	★★☆☆☆	ドイツ

った。また、社会の中に自然と個人が溶け込んでいた時代とは違い、個人が自由を得た一方で、孤独を感じやすい時代でもあった。

フロムは、この近現代において、「愛する」ことの意味は大きいが、愛は自然に生まれるものではなく訓練して与える力を身につける必要があると言う。愛は見返りを求めずに、相手に「与える」ことのできる力なのである。裕福である必要はないが、最低限、自分自身が経済的にも心理的にも満たされていなければ、他者に「与える」ことはできない。

恋人、親子、友人といったさまざまな「愛」の形があるが、どれもただ与えられることを待つものではなく、自ら与えることが必要である。表面的な快楽を求めるものでも支配的なものでもなく、無条件に与えるものこそが本当の「愛」である。しかし、競争社会や効率化が進む現代において、単純に「愛する」ことは非常に難しくなっているのではないか、と語られている。

『愛するということ』 エーリヒ・フロム

教訓

晩婚化が進み、婚姻率がどんどん下がっています。それは、現代人が「対価を払うことで何かを得ることができる」という感覚に慣れてしまっているからではないでしょうか。お金があれば何でも買えるし、どこへ行くのも自由だし、動物の命を買うこともできます。快楽を得ることも、人から優しくしてもらうこともできます。しかし、この本で説かれている「愛する」という行為は、そうしたこととは別物だと言えます。対価があるから人に与えるのではなく、**見返りがなくても与えるのが「愛する」ということ**なのです。

人を愛するのは、とても難しいことです。だからこそ、「訓練が必要」とされています。訓練をしなければ愛することができないなんて大変ですね。でも、孤独を感じやすい現代人こそ、この姿勢が大事なのだと思います。見返りはないかもしれないけれど、それでも人を信じてみる。裏切られるかもしれないけれど、それでも与えてみる、愛してみる。そういった姿勢が、「愛する」ということなのだと思います。人を愛そうと思ったときには、ぜひ訓練してみてください。

作者はブロンテ三姉妹の次女

『嵐が丘』

エミリー・ブロンテ

教訓

ときに愛は、恐ろしい憎しみに転化する。

ストーリー

イギリス北部ヨークシャーの人里離れた荒野に、「スラッシュクロス」と「嵐が丘」という2つの屋敷があった。人付き合いを嫌う主人公はこの地を気に入り、スラッシュクロスを借りて都会から移り住むことにした。2つの屋敷を所有しているのはヒースクリフという男で、彼は、息子リントンの妻キャシーと、キャシーの従兄ヘアトンと共に嵐が丘で暮らしていた。

時代	挑戦レベル	国・地域
1847年（紀元前／11c／12c／13c／14c／15c／16c／17c／18c／**19c**／20c／21c）	★★☆☆☆	イギリス

ある日、主人公はひょんなことから「嵐が丘」に泊まることになり、夜中にキャサリンという名の少女の幽霊を見て仰天する。幽霊は窓を叩きながらヒースクリフの名を呼ぶが、彼が駆けこんできた時には既に姿を消しており、ヒースクリフは泣き崩れる。事情がよくのみ込めないままスラッシュクロスに戻った主人公は、2つの屋敷の歴史をよく知る家政婦のネリーから次のような話を聞く。

かつて嵐が丘には、地主のアーンショウ夫妻と、その長男のヒンドリー、娘のキャサリンが暮らしていた。ある日、アーンショウは身寄りがなく、餓死する寸前の少年を街で見かけ、哀れに思って家に連れ帰った。彼は、その少年をヒースクリフと名づけて実の子のように可愛がった。一方、黒髪で浅黒い肌の混血児で、英語もうまく話せないヒースクリフに対して、召し使いたちは冷たい態度を取った。ヒンドリーもまた、父親の愛情を奪われたように感じて彼を憎み、暴力を振るった。2人を遠ざけるためにヒンドリーは寄宿学校に預けられた。しかし、キャサリンはヒースクリフと打ち解け、仲良く遊ぶようになった。

数年後にアーンショウ夫妻が亡くなると、ヒンドリーが妻と共に嵐が丘へ戻り、嵐が丘の主人となった。ヒースクリフは召し使いの身分に落とされたが、それでもヒースクリフとキャサリンの絆は変わらず、2人はいつしか恋仲になった。しかし、キャサリンがスラッシュクロスのリントン家で淑女としての教育を受けるようになると、2人の間には距離が生まれ始めた。また、ヒースクリフに対するヒンドリーの扱いはひどくなる一方で、ヒースクリフは激しく憎悪を募らせていった。

その頃、リントン家の長男エドガーがキャサリンに恋をした。2人は急速に仲を深め、キャサリンはエドガーから求婚された。その事実を知ったヒースクリフはキャサリンの真意を確認することなく屋敷を出て行き、音信不通になった。キャサリンはショックで寝込んでしまうが、エドガーとネリーの介助で回復する。そして、エドガーと結婚して、ネリーと共にスラッシュクロスに移り住んだ。

3年後、ヒースクリフは人知れず財を成し、紳士となって荒野に戻ってきた。自分を虐待してきたヒンドリーや、キャサリンを奪ったエドガー、そして自分を捨てたキャサリンへの復讐を果たすために。

彼はヒンドリーを巧みに賭博に誘って莫大な借金を背負わせ、返済の代償として嵐が丘の屋敷と農園を得た。それだけでは飽き足らず、ヒンドリーの1人息子ヘアトンを召し使い同然に扱い、かつて自分が受けてきたようなひどい仕打ちをした。さらに、リントン家の名を汚すことや財産を相続することを目的に、ヒースクリフはエドガーの妹イザベラに近づいて嵐が丘に連れていってしまう。

ヒースクリフの仕打ちによって精神を病んだキャサリンは、妊娠が重なっていたこともあって衰弱し、明日をも知れぬ状態になる。ヒースクリフは彼女に本心を明かし、互いに素直な愛情を交わしたが、その夜、キャサリンは娘のキャシーを産むと、まもなく息を引き取った。

キャサリンの葬儀の翌日、ヒースクリフの暴力に耐えきれずにいたイザベラは嵐が丘を脱出し、スラッシュクロスに駆け込んで、ネリーに窮状を訴える。身籠(みごも)っていた彼女はロンドンへ逃れ、ヒースクリフとの息子リントンを出産した。

時が流れてリントンとキャシーが年頃を迎えると、ヒースクリフはスラッシュクロスの相続権を狙い、2人を結婚させる。エドガーの死後、ヒースクリフはスラッシュクロスを相続し、ついに両家の全財産を手にして復讐を完成させる。その後まもなく、病弱だったリントンは息を引き取り、嵐が丘に残されたキャシーとヘアトンがいがみ合うところで、ネリーの昔話は終わった。

主人公は半年ほどスラッシュクロスを離れてロンドンで暮らしていたが、久しぶりに嵐が丘を訪ねると、キャシーとヘアトンはいつの間にか仲睦まじい恋人同士となっていた。ヒースクリフは2人を徹底的にいじめ抜くつもりだったが、キャサリンによく似たキャシーを見ているとその気も失せ、次第に生きる気力を失っていった。ついには食事もとらなくなり、ある大雨の日に部屋で死んでいるのを発見された。それ以来、ヒースクリフとキャサリンの亡霊が、屋敷の周辺をさまようようになったという。

話を聞き終えた主人公は帰りの道すがら、キャサリン、エドガー、ヒースクリフの墓石を見つけ、彼らの安らかな眠りに思いを馳せた。

教訓

この物語を一言で言えば、「ヒースクリフの復讐譚」でしょう。彼は酷い仕打ちをしてきた3人に復讐するために嵐が丘に舞い戻り、仕返しをしました。しかし、この物語が単純な復讐劇と異なるのは、キャサリンの存在です。

ヒースクリフはキャサリンを本気で愛していました。だからこそ、彼はキャサリンに執着し、憎悪し、復讐することにしたのです。普通に考えれば、おかしいと感じる人もいるかもしれません。愛している人の幸せを願うべきであり、憎悪したり復讐したりする必要はないだろう、と。

ここに、この物語の教訓があります。強い愛情は、強い憎悪へと転換することがあるということです。相手への執着心や一方的な感情から、ヒースクリフはキャサリンを激しく憎むようになります。

現代でも、ストーカーが相手を殺してしまう事件があります。愛しているはずなのに、その愛が成就しないとなった瞬間、相手を殺したいほど憎むようになります。「愛情の裏返しの憎悪の存在」というのは、この物語の大きな教訓でしょう。

物語の先に待っているのは、救いではありませんでした。ヒースクリフは復讐として、仇の息子であるヘアトンに自分と同じように教育を与えずこき使いました。しかし、ヘアトンとキャシーが恋仲になると、ヒースクリフは気づきます。「今、自分がやっていることは、何の意味もないことだ」と。

ヘアトンに対する酷い仕打ちは、かつて自分がされたことと同じであり、全く罪のない相手を攻撃しているだけだと理解したのです。ヒースクリフは生きる気力を失い、命を終えることになりました。

愛情には愛情で返すべきです。愛し過ぎて、それが憎悪になっても虚しいだけです。この物語はそのことを教えてくれています。

『嵐が丘』　エミリー・ブロンテ

どんなふうに本を読んでいるか？

　ビジネス書や実用書、新書に関して、僕はわりと「つまみ食い」で読むタイプです。まず【最初】を読んで「こんなことを語っている本なんだな」と理解したうえで、【最後】を読む。「ふむ、こういう結論になるんだな」と思った後で、【目次】を読む。目次の中で「おお、ここが面白そうだ」と思ったところを今度は開いて、そこを読む。そんな読み方をしています。

　「そんな読み方でいいの?」と思うかもしれませんね。実際、僕も昔ははじめから終わりまで順番に読んでいた記憶がありますが、ここ数年、そうしなくてもいいんじゃないかと思うようになりました。というのは、自分が本を書くようになってから、「本当はこの話が面白いんだけど、ここも一部の読者さんのために語っておかないと」と思って、あえて書く箇所があることに気づいたのです。例えばゲームをするとき、楽しいと感じるのはゲームをしているときですよね。「ゲームのルールの説明を聞いているときが一番楽しい！」という人は少ないはずです。でも、ルールの説明をしなければゲームは始められません。読書においても同じで、著者は意外と「これはルール説明だな」と思って書いていることがあると気づいてから、「つまみ読み」が多くなりました。

CHAPTER

3

「社会と個人・社会の教訓」

が分かる11冊

社会と人との関わりは、非常に難しい問題です。人は1人では生きていけませんが、他人と一緒にいるときに苦しさを感じることもあります。

例えば、1人で旅行すると「1人だと寂しい」と感じ、他人と行くと「他人と一緒だと息苦しい」と感じることがあります。

それでも、人は社会や他人と関係を結びながら生きていかなければなりません。

本章では、社会と個人の関わりについて描かれている作品を選びました。他人とうまくつき合う方法や、社会を無視して今を生きるコツなど、どちらも我々が生きるうえで必要なことです。ぜひ、どちらの面も学んでいただければと思います。

不幸や抑圧社会ディストピアのSF小説

『1984年』

ジョージ・オーウェル

教訓

「心だけは自由」は嘘である。

ストーリー

時は1984年。世界はオセアニア、ユーラシア、イースタシアの3つの超大国によって分割統治され、絶えず戦争が繰り返されていた。特にオセアニアでは、厳格な管理社会が敷かれ、個人の思考や恋愛、結婚の自由は奪われていた。言語は「ニュースピーク」と呼ばれる制限されたもので、反体制的な考えや表現ができないように、政府によって特定の言葉や概念が排除されていた。

時代	挑戦レベル	国・地域
1949年（紀元前／11c／12c／13c／14c／15c／16c／17c／18c／19c／**20c**／21c）	★★★☆☆	イギリス

国は唯一の党によって統治され、その頂点には「ビッグ・ブラザー」と呼ばれる人物が君臨していた。「ビッグ・ブラザーはあなたを見ている」というポスターが街中に溢れていた。その言葉どおり、市民の行動のすべては、「テレスクリーン」と呼ばれる双方向テレビジョンと、屋内外の至るところに仕掛けられたマイクによって常に監視され、個人のプライバシーはほぼ存在しないのであった。

この体制下で、主人公のウィンストン・スミスは、役人として「歴史の改竄作業」に従事していた。しかし、ある時、ウィンストンは自分自身の考えを整理するため、ノートに自らの思考や感情を書くという禁じられた行為に手を染める。さらに、過去の新聞記事から抹殺されたはずの人物たちの存在を発見し、体制に対する疑問を募らせていった。そうしたなか、反体制活動家のジュリアと出会い、互いに愛し合うようになる。しかし、そうした日々は長くは続かず、密告により2人は思想警察に逮捕されてしまう。

拷問を受け、激しい苦痛を感じても、ウィンストンは「心だけは屈さない」と耐えるが、ウィンストンの想像を遥かに超える絶望が待ち受けていた。彼の心を打ち砕いたのは、「この世で最も恐ろしいものが存在する」と言われる拷問部屋「101

号室」での出来事だった。その部屋には、「拷問される人物が最も恐れるもの」としてネズミが用意されていた。ウィンストンは「ネズミに喰われる」恐怖に直面し、思わず「自分ではなくジュリアにやってくれ！」と絶叫した。

最終的にウィンストンは助かるが、思考警察による徹底した拷問と洗脳、そして愛するジュリアを裏切ってしまったことで精神が崩壊してしまう。その後、ウィンストンは党の思想を受け入れ、ビッグ・ブラザーを心から愛するようになる。物語は、彼が完全に党の支配下に置かれたところで終わる。

教訓

厳しい管理社会を描いた物語は数多く存在しますが、どんな作品でも、反体制的な意見を持つ人々の声を封じ込めたり、処刑したりするところで終わります。しかし、『1984年』では、それを超えた管理社会が描かれています。それは、人の心の中まで支配するというものです。登場人物が心から体制を愛するように強要されるという恐ろしさも描かれます。この作品は、社会がそこまでして人々を支配することができるという残酷な現実を我々に教えてくれます。

一般的には、「人の内面はコントロールできない」と考えられています。他人の行動を制限したり、発言を封じたりすることはできても、**心の中まではコントロールすることは不可能**だとされます。どんな社会であっても、「内面は個人の自由の領域である」と信じられています。しかし、近年ではカルト宗教やＳＮＳを通じたマインドコントロールが問題視されています。この小説は単なるＳＦ作品ではなく、現実に潜む可能性をも示唆しているのです。

『１９８４年』は、「心は自由」という幻想を打ち砕く、恐ろしい小説だと言えます。

戦後文学の傑作といわれる

『砂の女』

阿部公房

教訓

この世の中は並べて、砂の中。

ストーリー

ある男が休暇を利用して、趣味の昆虫採集のために砂丘の村を訪れる。その村では、家が砂の穴の中に建てられており、地上への出入りには縄梯子を使うしかなかった。村全体は蟻地獄のような構造で、砂掻きをし続けなければ家は砂に埋もれてしまう。その日、男は1人の女が住む村の民家に泊めてもらうことになった。

一夜明けると、なんと縄梯子が村人によって取り外されていて、男は穴の中に閉

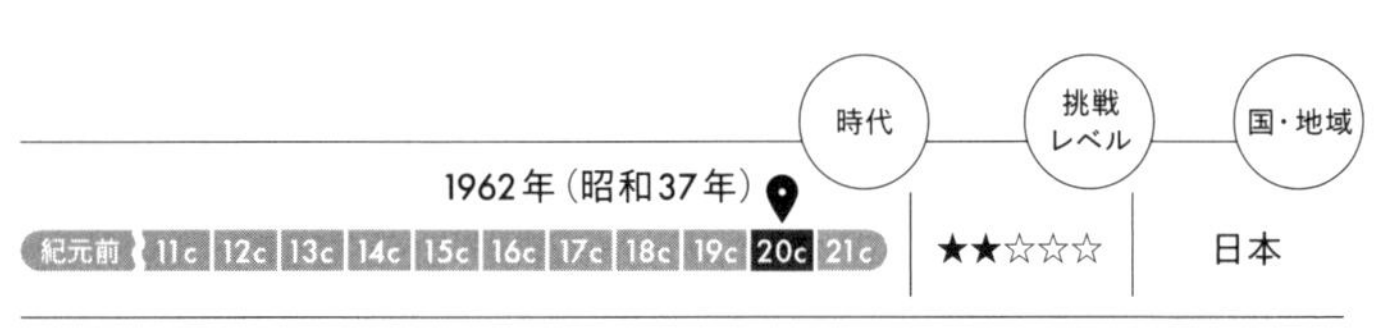

じ込められてしまう。男は驚き動転するが、砂を掻かずに逆らうと水をもらえないため、仕方なく女との同居生活を始めた。男は、はじめは女と距離を置いていたが、2人は次第に夫婦のような関係になっていく。そして、男は乾燥した砂の穴で水を確保するために溜水装置の研究を始めた。

やがて3月になると女は妊娠し、出産のために病院へ運ばれることになる。縄梯子が掛けられたままになっていたため男は逃げることもできたが、自分の開発した溜水装置について村の人に話したいという思いが先に立っていた。男の心には既に部落の一員としての感情が芽生えており、「逃げる手立てはまた明日にでも考えよう」と思うようになっていた。そして物語は、男が7年後に失踪者として審判され、死亡と認定されるところで終わる。結局、男は村を離れることなく、そのまま暮らし続けた。

教訓

この物語は、特殊な状況に置かれた主人公が洗脳されてしまった物語ではありません。むしろ、我々が考えている「常識」というものは、環境によって簡単に覆されることを教えてくれています。

物語の中では、「砂を掻かずに逆らうと水が配給されない」というシステムが描かれます。最初はこのシステムに戸惑う主人公でしたが、次第に自ら進んでシステムに従い、その社会における常識として受け入れてしまいます。これは、今の社会と似ています。働かないとお金がもらえず、生きていけないというシステムの中で、最初は戸惑いながらも受け入れているうちに次第に当たり前になってしまいます。現代社会もこの砂の部落も、根本は変わらないのです。

このシステムを「砂」で表現しているのが、安部公房の卓越したところだと思います。**誰かの悪意によってそうなるのではなく、そこにはただの「砂」が存在するだけ**です。安部公房自身も「砂」についてこう述べています。「『砂』というのは、むろん女のことであり、男のことであり、そしてそれらを含む、このとらえがたい現代のすべてにほかありません」。つまり、この物語は、どうしようもない環境を「砂」として表現しているのだと思います。我々もまた、主人公と同じように**「砂」の一部である**、そう考えると背筋がゾッとしますね。

『砂の女』　阿部公房

ある朝目覚めたときの驚きと戸惑い

『変身』

フランツ・カフカ

教訓

ただ外見が変わるだけでも、日常は崩壊する。

時代　1915年　紀元前 11c 12c 13c 14c 15c 16c 17c 18c 19c 20c 21c

挑戦レベル　★☆☆☆☆

国・地域　ドイツ

ストーリー

「ある朝、グレゴール・ザムザが気がかりな夢から目覚めたとき、自分がベッドの上で1匹の巨大な毒虫に変わってしまっているのに気づいた」

カフカの『変身』は、この衝撃的な一文から始まる。

グレゴールは、両親と妹と共に暮らしており、一家の生活費を稼ぐためにセールスマンとして働いていた。しかし、突如として巨大な毒虫に変身してしまったため、仕事に行けなくなってしまう。彼は自らの身に起きたこの異変を受け入れられないまま、乗る予定だった汽車の時間を大幅に過ぎてもベッドから離れられず、悶々と過ごした。やがて両親が心配し始め、ついには取引先の支配人が様子をうかがいに家までやってくる。彼らはグレゴールに様子を問いかけるが、グレゴールは毒虫になってしまったため、まともな返事ができない。彼がようやく振り絞って出した言葉は、「まるで獣の声」だった。いよいよ様子がおかしいと感づいた家族たちによって開け放たれたドアの前には、衝撃的な光景があった。支配人は慌てて帰り、家族もグレゴールを冷たく見放した。

そんななか、彼を見捨てなかったのが妹のグレーテだった。グレーテは毒虫となった兄のグレゴールに毎日食事を与え、その生態を少しずつ理解し始めた。もともとグレーテは、一家の中で唯一グレゴールと近しい関係を保っていた。両親がグレゴールの稼ぎに依存するようになっても、グレーテだけは兄を大切に思い、グレゴールもまた彼女の夢を応援したいと願っていたのである。何より、グレゴールは恐ろしい姿になっても人間の意識を保ちつづけ、恥や罪悪感、人間とのつながりへの憧れ、妹への思いなど、さまざまな感情を抱いていた。

しかし、かろうじてグレゴールを受け入れていた状況も、ついに終焉のときを迎えた。きっかけは、グレーテが下宿人たちにヴァイオリンを披露していたときのことである。いささか調子に乗ったグレゴールは、つい下宿人たちの前に姿を現してしまったのである。驚いた下宿人たちはグレゴールの家族に、「こんな家には住んでいられない」と通告する。これを受けて家族は、ついにグレゴールを殺すことを決意する。唯一の理解者だったグレーテでさえも、毒虫がグレゴールであることを否定し、毒虫を消すべきだと叫びだした。一方、グレゴールは家族への愛情ゆえに自らが消えるべきだと理解し、最期を迎えた。

毒虫としてのグレゴールが死んだ後、残された家族は予想以上に明るい未来に向けて希望を抱くのであった。

教訓

恐ろしい物語ですが、そこに含まれるメッセージはとてもシンプルです。「日常は、外見が変わるだけで180度変わってしまう」ということです。

　主人公は、恐ろしいことに「外見だけ」が変わってしまいました。これは本当に不条理です。外見と同じように内面も変わっていれば、まだ救いがありますが、内面はそのままです。ただ、内面も外見も「虫」になってしまったのでは、この物語の「やるせなさ」は演出できないでしょう。この物語の真の恐ろしさは、「外見以外のことは変化していない」ことです。グレゴールの内面は変わらず、家族を想い、相手のことを考える感情を持ち続けています。それにもかかわらず、彼の人生は大きく変わってしまいました。家族との関係は最悪となり、将来のことを考える余裕もなくなり、ついには「家族のことを思うと、自分は死んだほうがいい」と考えて、自らの運命を受け入れてしまいます。

　この物語は、**我々の日常がいかに脆（もろ）いものであるか**を示しています。内面がどれほど美しく、信仰心があり、愛に溢れていても、外見が変わるだけで簡単に壊れてしまうのです。この物語で描かれているのは極端な例ですが、外見は重要な要素です。つまり、今の日常生活は永遠に続くものではなく、何らかの要因で簡単に壊れてしまう可能性があることを理解し、今の日常を大切にすることの重要性を教えてくれる作品です。

主人公には実在のモデルがいた

『ロビンソン・クルーソー』

ダニエル・デフォー

教訓

冒険を望む気持ちは、抑えるのが難しい。

ストーリー

イギリスの中産階級の家庭に生まれた主人公は、幼い頃から航海への憧れを抱いていた。しかし、父親は「中層階級にいることこそ真の幸福だ」と語り、主人公に安定した職を得て堅実な人生を歩むことを望む。しかし、主人公は両親の反対を押し切り、船乗りになる決心をする。ロンドンへ向かう初めての航海では嵐に遭遇して難破寸前となり、2度目の航海では船が海賊に襲われて2年間も奴隷として囚(とら)わ

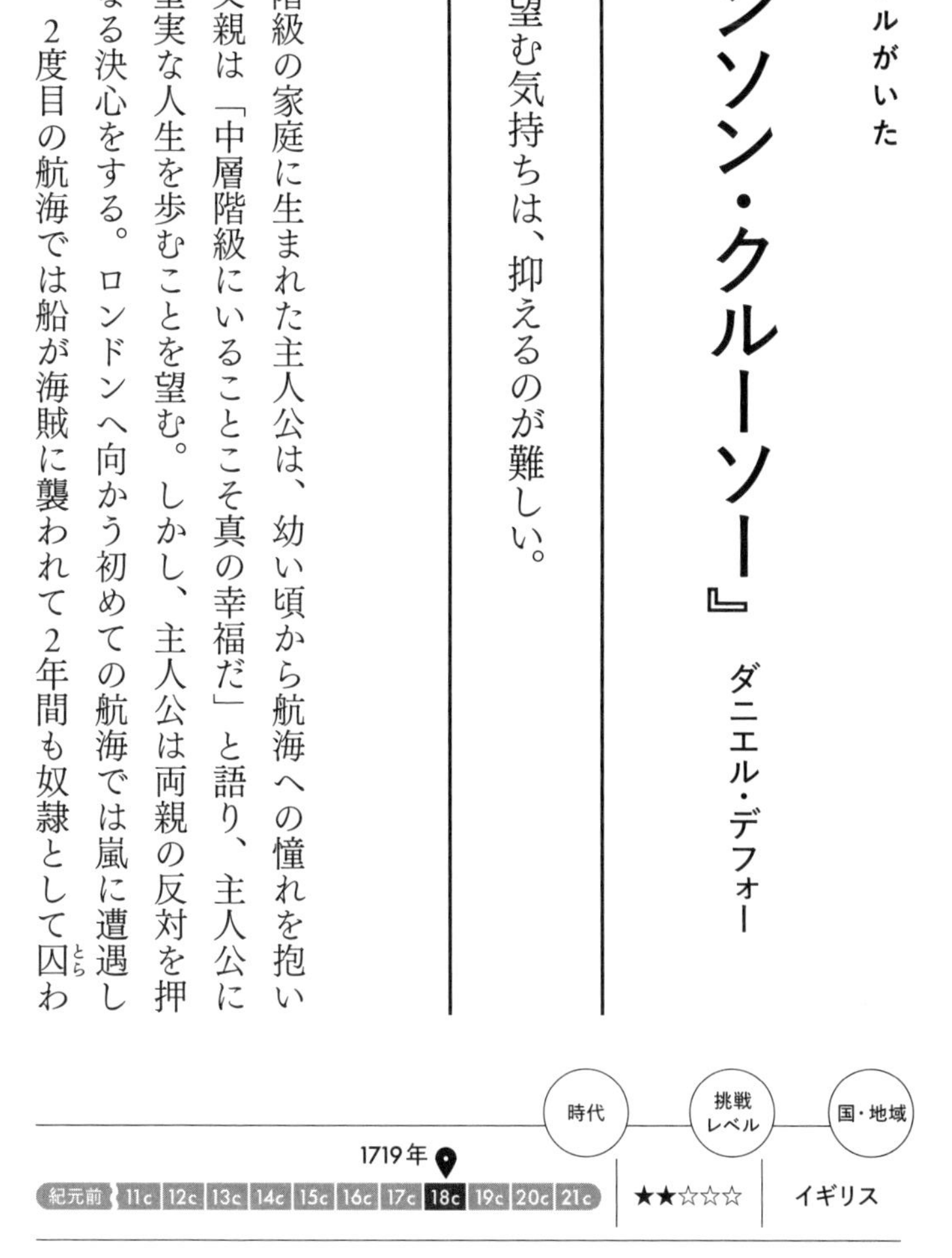

れるなど、次々と苦難が押し寄せる。主人公は苦労の末に何とか逃げ出し、上陸したブラジルで農園経営を始めた。そして、一時は成功を収めるが、さらに儲けるために再び航海に出たのが運の尽きだった。船はまたもや難破し、今度は1人無人島に漂着したのだった。そして、その時から28年間、主人公は無人島でサバイバル生活を強いられることとなる。

主人公が漂着時に持っていたのは、わずかなタバコとパイプ、そして1本のナイフだけだった。船から持ち出した物資を利用して何とか当座はしのげたものの、いつまでこの生活が続くのかという大きな不安と耐え難い孤独に苛(さいな)まれた。島には、恐ろしい猛獣や食人種が潜んでいる可能性もあった。

主人公は島を探検し、住まいと、水や食糧を確保した。しかし、漂着してからの苦労がたたったのか、ひどい熱病にかかり、生死の境をさまよう。そこで主人公は初めて自分の人生を悔い、信仰心に目覚め、神に祈りを捧げるようになった。

病からの回復後、土器の製作やヤギの繁殖に成功するなど生活の基盤ができていった。孤独をまぎらわすために飼い始めた犬やオウムなどの動物に囲まれ、知恵と技術を駆使して自然と調和した暮らしを送るにつれて、主人公は自分の境遇について神に感謝するようになる。そんな無人島生活が始まってから数年が経ったある日、主人公は島にカヌーで漕ぎつけた食人種と、捕虜として連行されて食べられそうになっている男性を発見する。主人公は命がけで男性を救出すると、彼は主人公に忠誠を誓った。男性は「フライデー」と名づけられ、2人はあつい友情と固い絆で結ばれると、無人島での暮らしは一層充実するようになった。

3年が経った頃、フライデーは丘の頂上から自分の故郷を見つけた。そのあまりの喜びようを見て、主人公はフライデーを故郷へ帰すために、一緒に島から脱出することを決意する。それからしばらく経ったある朝、無人島にイギリス船がやってきた。船内では反乱が起きており、反逆者たちが船を乗っ取ろうとしていた。主人公たちは船長を助け、反逆者から船を奪い返し、ついに故郷へ帰ることに成功する。

実に35年ぶりにイギリスに帰還した主人公であったが、両親は既に他界しており、自分も死んだものと思われて何一つ財産が残されていないことを知る。もう人並みの暮らしはできないのかと途方に暮れたが、幸運にも昔の仲間の助けによって以前経営していたブラジル農園の権利を取り戻し、大金を得ることに成功した。のちに結婚して幸せな家庭を築いたが、生来の冒険心を抑えきれず、妻の死後には新たな航海の途につくのであった。

教訓

この物語を読むと、「どんなに過酷な環境下でも、知恵と不屈の精神があれば生き延びる可能性をつかむことができるんだ！」という気持ちにさせてもらえます。しかし、この物語が本当に伝えたいのは、「冒険しなければ生きることができない、人間のどうしようもない衝動」なのではないかと思います。

主人公の父親は、「冒険などせず、中層階級で地道に生きることが最も幸せだ」と主人公に語り聞かせます。上層階級は一見良さそうなものの独特のしがらみがあって面倒ごとも多いだろう、一方、下層階級では生活が困難になる、だから中層階級で地道に生きることが幸せで賢い選択だ、と考えていました。たしかに、背伸びせず、自分の身の丈に合った人生は幸せでしょう。戦うこともなく、リスクもない人生のほうが面倒なことはなく、楽で幸せなのかもしれません。

しかし、主人公は安定した生活には満足できませんでした。「冒険したい」と考え、リスクの高いほうに進みます。それは生来のもので、抑えるのが難しいことだったのです。だから、最後のシーンで、妻の死後、新しい航海に出るのです。

さて、この2つの道は、どちらのほうが幸せなのでしょうか？　リスクを取らず、地道に楽に生きるという父親が勧める人生と、リスクだらけで大変だけど未知との遭遇・冒険に満ちた人生。主人公は、最後に地道に楽に生きていく道を得ることができました。それにもかかわらず、その道を蹴って再び冒険に出たということは、主人公はリスクがあっても、どんなに困難な道でも、冒険に満ちた人生のほうが楽しいと感じていたのではないでしょうか。

最近は、「無難な人生」を好む人が多いと感じます。そこそこでいい、チャレンジしなくていい、失敗しない人生がいい、と。しかし、人間は長く生きていると安定した生活に嫌気が差すものです。一生働かなくてもいいお金を得て仕事を辞めることを「FIRE」（Financial Independence〈経済的自立〉and Retire Early〈早期退職〉の略）と呼び、今はFIREを目指す人が増えています。ただ、FIREを達成しても、その後の人生がつまらなく感じる人も多いものです。**人間は冒険する生き物であり、安定だけを求めて生きるだけでは欲求を満たすことは難しい**のかもしれません。

毎日が生中継!?

『トゥルーマン・ショー』

映画

ピーター・ウィアー（監督）、アンドリュー・ニコル（脚本）

教訓

カメラはカメラ、頭の中には入り込めない。

※大どんでん返しが面白い名作、『トゥルーマン・ショー』。どんでん返しを楽しみたい人は、この本のストーリーや教訓を読む前に、作品を観賞していただければと思います。

ストーリー

トゥルーマン・バーバンク（ジム・キャリー）は、離島の町シーヘブンで暮らすサラ

時代	挑戦レベル	国・地域
1998年 紀元前 11c 12c 13c 14c 15c 16c 17c 18c 19c 20c 21c	★☆☆☆☆	アメリカ

リーマンで、日々同じように繰り返される生活を送っていた。彼は一度も島の外に出たことがなく、いつか島を出て広い世界を見たいと願っていたものの、子どもの頃に目の前で父親が溺死した経験から水を恐れるようになり、その夢も諦めかけていた。

ある日、トゥルーマンがいつものように街を歩いていると、目の前にホームレスの老人が現れる。その老人は死んだはずの父親だと一目で気づいたトゥルーマンは、驚いて話しかけようとするが、父親と思しきその老人はあっという間に周囲の人々に連れ去られてしまう。大きなショックを受けたトゥルーマンは、学生時代の出来事を思い出す。

大学時代、トゥルーマンはローレンという女性に恋をした。勇気を出してデートに誘うと、彼女は周囲に誰もいないことを確認してからトゥルーマンにキスをし、彼女の本名はシルビアであり、「この世界はすべて偽物で、番組のセットにすぎない」と告げた。困惑するトゥルーマンに「本当の私を探しにきて」と伝えた直後、シルビアは父親を名乗る男に連れ去られ、それきり会えなくなってしまった。

実は、シルビアの言うとおり、トゥルーマンが暮らしているのはリアリティー番組「トゥルーマン・ショー」のために作り上げられた虚構の世界だった。トゥルーマンは生まれたときからずっと、島の中に仕掛けられた5000台の隠しカメラで人生のすべてを撮影されていて、彼の生活は世界220カ国で24時間、365日放送され続けていたのだった。彼以外の登場人物は全員が役者で、そのことを知らないのはトゥルーマンただ1人だった。

トゥルーマンはシルビアの話を思い出し、日常生活の不可解な出来事に疑問を抱き始める。仕事はいつも同じで、妻との結婚生活は形だけ。さらに、妻や友人が会話の中でしばしば不自然に商品の説明を挟むのだった。トゥルーマンはシルビアに会うため島から出ようと試みるが家族に反対され、次々と起こる謎のトラブルによってそれは叶わなかった。落ち込むトゥルーマンを妻は慰めるが、話の途中で商品の宣伝をしてしまい、トゥルーマンに詰め寄られる。妻は必死に取り繕うが、やがて「いくら仕事だからって、もう耐えられない」と本音を口にしてしまう。この瞬間、トゥルーマンはシルビアの言うとおり、ここが虚構の世界であると確信した。

翌日、地下室でトゥルーマンが寝ている様子を放送していたとき、番組のプロデューサーが異変に気づく。友人役の俳優が確認しに行くと、ベッドに寝ていたのは

『トゥルーマン・ショー』 ピーター・ウィアー(監督)、アンドリュー・ニコル(脚本)

囮（おとり）の人形で、トゥルーマンの行方は分からなくなっていた。

番組を一時中断し、島中の役者を総動員して捜索に当たると、トゥルーマンはヨットに乗って島から出ようとしているところだった。プロデューサーが天候を操作して嵐を起こすが、トゥルーマンを乗せたヨットは島を囲う巨大なセットの端に流れ着いた。どこまでも続いているように見えた海は、空の模様が描かれた壁に覆われた番組のセットだった。

壁のドアから外に出ようとするトゥルーマンの前にプロデューサーが現れ、すべての真相を彼に伝えた。プロデューサーはトゥルーマンに、このまま番組を続けるか、ドアを開けて未知の世界へ飛び出すかの選択を迫った。プロデューサーはトゥルーマンが生まれた時から知っており、彼が作られた安全な世界から出ていくわけがないと考えていた。しかし、トゥルーマンは自らの意志で番組の終了を宣言し、画面の前の視聴者に別れの挨拶をすると、壁の扉を開け、ドアの向こうへと一歩を踏み出した。テレビ越しにそれを観ていた人々は、そんなトゥルーマンの姿に拍手喝采を送り、別の番組へとチャンネルを変えるのであった。

皆さんの人生もまた、『トゥルーマン・ショー』かもしれません——と言われたら、どうでしょうか？　トゥルーマンが自分の人生がセットによって作られた人生だと気づいていなかったように、我々の人生も本当は作られたものかもしれません。そして、もしそうだとしたら、我々の人生は、本当に自分たちのものだと言えるでしょうか？　この映画は、こうしたことを考えさせてくれます。

また、この映画の中に、「メディアによって我々の人生はコントロールされている」というメッセージを読み取る人もいるかもしれません。トゥルーマンの人生はテレビのプロデューサーにコントロールされていましたが、同様にメディアも我々の価値観や考え方に影響を与えていると言えるかもしれません。

例えば、ＣＭで「こういうのが流行っているよ！」と言われるとその商品に飛びついてしまったり、コメンテーターが「これは間違っている！」と言うと、「なるほど、それは間違っているんだな」と鵜呑みにしてしまったりすることがあります。我々の考え方や価値観、あるいは人生そのものがメディアの影響を受けているとい

『トゥルーマン・ショー』　ピーター・ウィアー（監督）、アンドリュー・ニコル（脚本）

う点では、我々はトゥルーマンと同じかもしれません。さすがにこれは一面的な見方かもしれませんが、確かに納得できる部分もあります。

でも僕は、それとは別の教訓を感じます。トゥルーマンは最後に、「神」にも等しいプロデューサーの声を退けて壁の扉を開け、ドアの向こうへと一歩を踏み出しました。プロデューサーは、トゥルーマンのことをすべて知っています。生まれた時から現在に至るまで、他の誰よりも彼を理解していました。そのプロデューサーが、「トゥルーマンは外に出ない」と確信していました。にもかかわらず、トゥルーマンは自らの意思で前に進みました。

作中で、トゥルーマンは「カメラは頭の中までは入り込めない」と話しています。**どんなに相手のことを知っていても、その頭の中にまでは入ることはできません。**同様に、どんなに相手のことを知っていたとしても、その人の心の中までは見通せません。この作品は、そんな教訓を伝えているのではないかと思います。

解離性同一性障害を題材にした

『ジキル博士とハイド氏』

ロバート・ルイス・スティーヴンソン

教訓

どんな人間にも二面性があり、心に闇を抱えている。

ストーリー

弁護士のアスタンは、小柄で醜悪な容姿を持つハイド氏の話を耳にする。ハイド氏は非常に粗暴で、少女を踏みつけても平然としているような人物だった。アスタンは、そのようなハイド氏が、紳士的で善良なジキル博士と親しくしていることを知り、驚きと疑念を抱く。アスタンはジキル博士のもとを訪れ、2人の関係につい

時代 1886年 紀元前 11c 12c 13c 14c 15c 16c 17c 18c 19c 20c 21c

挑戦レベル ★☆☆☆☆

国・地域 イギリス

て調べ始めた。

そんなある日、アタスンの顧客が殺され、犯人がハイド氏であることが判明する。「ジキル博士はハイド氏に何か弱みを握られ、脅されているのではないか？」と考えたアタスンは、調査を進めるなかで、ある夜、ジキル博士の部屋でハイド氏の自殺死体を発見する。その部屋にはジキル博士の姿はなく、代わりにアスタン宛の手紙が残されていた。

手紙には、ジキル博士とハイド氏は同一人物であり、ジキル博士は自らが開発した薬によってハイド氏に変身していたという衝撃的な事実が記されていた。ジキル博士はハイド氏に支配されることを恐れ、自ら命を絶ったのだった。

教訓

この物語が伝えるメッセージは非常にシンプルです。人間には二面性があり、どんなに素晴らしい人物であっても、暗い衝動を内に秘めているというものです。

ジキル博士は表向きには立派な人物ですが、実はハイド氏という恐ろしい人格が内在していました。しかし、それは彼だけの問題ではないはずです。我々にも同様の二面性があるのではないでしょうか。**衝動的に欲望のままに行動したくなる自分と、それを理性で抑えようとする自分**が共存し、対立しています。ジキル博士はハイド氏を倒したとも言えますし、ハイド氏によって殺されてしまったとも解釈できます。

この対立は、我々の心の中で絶えず続いているのです。

近年はSNSの普及により、現実社会とデジタル社会での自己が乖離（かいり）しているケースも多く見られます。現実社会では紳士的で素晴らしい人物が、デジタル社会では攻撃的なアンチ活動を行っているなど、異なる顔を持つことも珍しくありません。この作品は、そうした現象を考えさせる内容だと言えます。

『ジキル博士とハイド氏』 ロバート・ルイス・スティーヴンソン

特別な人間は何でも許されるのか

『罪と罰』

フョードル・ドストエフスキー

教訓

自分の罪を許せるのは自分だけ。許すための救いになるのが罰である。

ストーリー

この作品は、ロシアの文豪ドストエフスキーによる犯罪とその後の贖罪(しょくざい)をテーマにした長編心理小説である。主人公の精神的な変遷と、彼を取り巻く人物たちとの関係を通じて、ドストエフスキーは人間の本質と道徳について深い洞察を提示した。

物語は、貧しい元大学生ラスコーリニコフが、自己の理念を試すために犯した殺人事件を中心に展開する。ラスコーリニコフはペテルブルクの貧困街に住む若者で、

極貧の生活に苦しんでいた。彼は自らの優秀さを信じ、凡人と非凡人に人間を二分する独自の理論を持っていて、非凡人は社会の規範に縛られず、自分の目的のために犯罪を犯しても許されると考えていた。この理論を証明するために、ラスコーリニコフは悪徳高利貸の老婆アリョーナ・イワーノヴナを殺害する計画を立てる。

ある日、ラスコーリニコフはアリョーナの部屋に侵入し、斧で彼女を殺害する。しかし、計画は思いどおりに進まず、アリョーナの妹リザヴェータが現場に現れたため、彼女も殺さざるを得なくなってしまった。この二重の殺人によって、ラスコーリニコフは強い罪悪感と精神的な混乱に陥り、次第に体調を崩していく。

その後、さまざまな人物と出会いながら、ラスコーリニコフは自らの行為について内省を深めていく。妹のドゥーニャ、彼女の婚約者ルージン、友人のラズミーヒン、そして娼婦ソーニャとの交流を通じて、ラスコーリニコフは自分の行為の意味を問い直すことになる。特にソーニャは、キリスト教の信仰と自己犠牲を体現する存在として、ラスコーリニコフに大きな影響を与える。

また、警察官ポルフィーリイ・ペトローヴィチは、ラスコーリニコフの異常な行動や言動から彼を疑い始める。ポルフィーリイは巧妙な心理戦を仕掛け、彼を追い詰めていく。この心理的圧力により、ラスコーリニコフは次第に精神的な限界に達し、自らの罪を告白する決意を固める。最終的にラスコーリニコフはソーニャの助言を受け入れ、警察に出頭して、すべてを告白した。裁判では彼の精神状態や動機が考慮され、シベリアでの懲役という比較的軽い刑が言い渡された。ラスコーリニコフは、ソーニャと共にシベリアへと旅立ち、新たな人生を歩み始める。

教訓

主人公のラスコーリニコフは当初、「特別な人間は罪を犯してもいい」という思想を持っていました。この考え方は、ある程度我々にも理解できるかもしれません。仮に1000人の命を救うことができる医者が1人を殺した場合、「(1000人)−(1人)＝999人」と考え、その1人の殺人を許すべきだという結論です。それでも、主人公は自身が犯した罪にずっと苦悩します。「そうするべきではなかったのではないか」と。

人間は罪を犯すと、このように「罪悪感」に苛(さいな)まれ続けます。その感情は、たとえ世間の人が許しても、自分で自分を許せなければ、ずっと向き合っていかなければなりません。自分の罪悪感は、自分でしか拭い去ることはできません。だからこそ、罪を犯すことは恐ろしいのです。この物語では、その「罪」に対する救いとしての「罰」も描かれています。罪を犯した人間の苦悩と共に、その贖罪の可能性も描かれているのです。

ラスコーリニコフはソーニャとの出会いを通して成長し、自分の罪と向き合うようになります。そして最後には救われます。同じように、人間は**人生のどんなタイミングでも自分の罪を自覚し、その罪に対して罰が与えられることで、自分の人生を変えることができます。**この物語は読者に対して、人間の持つ矛盾や弱さ、そして希望を示唆していると言えるでしょう。

例えば、誰かをいじめていた経験や、小さいときに「どうしてあんなことをしてしまったんだろう」と思うような悪さをした経験を持つ人もいるかもしれません。それでも、その罪悪感はずっと持っていなければなりません。いつかはその「罪」に対する「罰」を受けるかもしれませんが、その罰は、きっと救いになるはずです。皆さんもぜひ、この物語を通じて「罪」と向き合っていただければと思います。

『罪と罰』　フョードル・ドストエフスキー

作者の人生を色濃く反映したと言われる

『人間失格』

太宰治

教訓

人間は皆「人間失格」だ。

ストーリー

裕福な家庭に生まれた主人公の葉蔵(ようぞう)は、幼い頃から自分を客観的に観察することのできる賢い人物だった。それゆえ、友人や周りの大人たちとの価値観の違いに違和感を覚え、他人との真のつながりを信じられなくなる。葉蔵は「道化」を演じ、家でも学校でも、笑って周りの機嫌をうかがうようになる。

中学に入学した頃、葉蔵は、勉学も運動もできない貧弱な同級生、竹一(たけいち)に道化の

時代	挑戦レベル	国・地域
1946年（昭和23年） 紀元前 11c 12c 13c 14c 15c 16c 17c 18c 19c **20c** 21c	★★☆☆☆	日本

芝居を見抜かれてしまう。本性を暴かれることに不安と恐怖を抱いた葉蔵は、竹一と親交を深め、秘密を漏らされないよう努める。やがて親友となった竹一から、「お前は女に惚れられる」「お前は立派な画家になる」と予言めいたことを言われる。

その後、旧制高校に入学した葉蔵は、先輩の堀木という与太者に酒やタバコ、淫売婦や左翼思想を教えられ、左翼運動に参加するようになる。しかし、葉蔵は左翼思想自体を理解できず、「非合法」な運動をしていることに居心地のよさを感じるだけだった。

ある日、葉蔵はツネ子という貧乏くさい人妻と出会い、好意を寄せる。彼女と一夜を過ごした後、心中を決意し鎌倉の海に飛び込むが、葉蔵だけが生き延びた。その後、自殺ほう助罪に問われるが、父親の関係者が引き受け人となり釈放された。精神的な混乱が続いていた葉蔵は、父の知人であるヒラメという男に引き取られることになった。ヒラメは葉蔵が自殺を図るのではないかと疑い、厳しい外出制限を課した。居心地の悪さに耐えられなくなった葉蔵は、自由を求めてヒラメの家から逃げ出した。

その後、葉蔵は一時的な女性関係にのめり込み、人間らしさを取り戻し始める。ある時、煙草屋のヨシ子という娘と出会い、彼女の持つ誰にも汚されていない処女性に惹かれて婚約する。しかし、その幸せも束の間、ある日、ヨシ子が出入りの商人に犯されている場面を目撃してしまう。彼女の純粋な精神が傷つけられたことに失望した葉蔵はアルコール中毒になり、睡眠薬で自殺を図るが、それも未遂に終わった。

体がすっかり衰弱してしまった葉蔵は、ある雪の日に吐血する。薬局でモルヒネを処方され、その効果に味をしめた葉蔵は乱用を始め、中毒になってしまう。やがてツケが溜まり返済不能になった葉蔵は、モルヒネを手に入れるために薬屋の妻とも関係を結ぶ。

最終的にヒラメと堀木によって無理やり脳病院に入院させられた葉蔵は、「人間失格」の烙印を押されたことに絶望し、廃人のような生活を送るようになる。

教訓

『人間失格』は、英語版では「No Longer Human（もはや人間ではない）」というタイトルで出版されました。no longer（もはや〜ない）という表現が、「人間失格」のニュアンスをよく表しています。要するに、「人間失格」とは「人でなし」を意味します。

この物語の興味深い点は、その「人でなし」に共感できてしまうところです。『人間失格』は主人公、葉蔵の転落人生を描いた作品です。恵まれた家庭に生まれ、品行方正で素晴らしい人物だったはずの葉蔵が、なぜ「人間失格」となり、廃人のようになってしまったのか。この物語の恐ろしいところは、葉蔵がそこに至るまでの心理的背景が〝理解できてしまう〟ことです。他人に合わせて道化を演じる心理も、非合法なことや不道徳なことをしているときに感じるスーッとした感情も、何かにすがりたくなってしまう気持ちも――そのすべてがなぜか理解できるのです。

自分に嫌悪し、**自らの行為に嫌気がさし、「人間失格」だと自嘲しながらも生き続ける主人公の姿**は、人間の弱さや醜さを映し出しています。この物語は主人公だけでなく、人間は誰しも「人間失格」であると教えてくれるのです。

イタリア文学の傑作と名高い

『神曲』

ダンテ・アリギエーリ

教訓

この世で最も憎むべきは、裏切りである。

ストーリー

本作の主人公は、この物語の作者でもあるダンテである。政治家で詩人でもあったダンテは、ユリウス暦1300年の復活祭前の聖金曜日に、暗い森の中に迷い込む。ダンテはそこで、心酔する古代ローマの詩人ウェルギリウスに出会った。ウェルギリウスは、ダンテが幼少の頃より恋い焦がれたが夭逝(ようせい)した女性ベアトリーチェの依頼で、彼を地獄へと案内する。

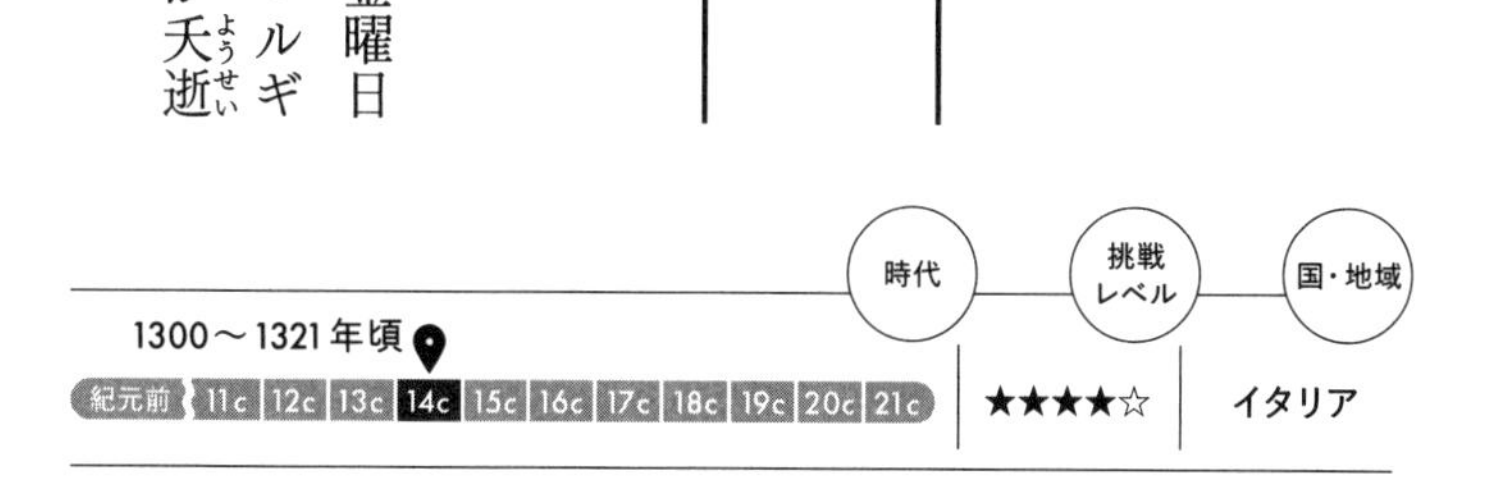

ウェルギリウスに導かれて訪れる地獄は、堕天使ルシフェルが天界から堕とされた際にできた大穴で、エルサレムの真下の地下深くに位置している。地獄の門には「この門をくぐる者は一切の希望を捨てよ」と刻まれており、その門を抜けると、罪も誉もなく人生を無為に生きた亡者たちが地獄の中に入ることさえ許されずにたむろしていた。その先に流れる川を渡ると、地獄が始まる。地獄はすり鉢状の9つの層（圏）で構成されており、神話上の人物や歴史上の人物たちが生前に犯した罪に応じて永遠の罰を受けている。

ダンテとウェルギリウスは、最初に第1圏「辺獄」を訪れる。ここは、洗礼を受けていない者たちが、呵責も希望もないまま永遠の時を過ごしている。ウェルギリウスもキリスト生誕以前に生まれたため、元々この「辺獄」にいた。

続く第2圏「愛欲者の地獄」では暴風に吹き流され、第3圏「貪食者の地獄」ではケルベロスに体を引き裂かれる。第4圏「貪欲者の地獄」では重い金貨の袋を転がして罵り合う光景が見られた。下層へ降りるにつれて、罪に応じて罰が苛烈になっていく。第5圏「憤怒者の地獄」の先には「ディーテの市」と呼ばれる炎に包まれた城塞があり、そこには堕落した天使と重罪人が収容されていた。この城塞を越えると刑罰はさらに激化し、第6圏「異端者の地獄」、第7圏「暴力者の地獄」、第8圏「悪意者の地獄」と続く。最下層の第9圏「コキュートス」は極寒の地で、そこを超えると地球の中心、すなわち重力の中心に到達する。そこでは、魔王と成り果てた堕天使ルシフェルが、氷の中に永遠に幽閉されている。魔王は醜悪な3つの顔を持ち、それぞれの口でイスカリオテのユダ、ブルートゥス、カッシウスの3人の裏切り者を噛み締めていた。そう、地獄の最下層に落とされた者の罪は、「裏切り」だった。ダンテはその光景を目にし、重力の反対側、すなわち煉獄(れんごく)へと向かう。

煉獄は地球の反対側にあり、天国と地獄の中間にそびえ立つ山である。罪を悔い改めようとする亡者たちは、この山を登ることで罪が清められるとされる。煉獄山は7つの大罪に対応する7層から成っており、下から登ることでやがて天国へと昇ることができる。生前に多くの善行を積み、現世でその死者のために祈る者がいれば、清めの過程は早く進む。ダンテは、煉獄山のふもとで天使の剣によって額に7つのPの文字を刻まれた。Pは7つの大罪を象徴する文字で、煉獄山を登りながら7つの罪を順に浄めていくごとに、Pの文字が1つずつ消えていった。

山頂に到達したダンテは、ついにベアトリーチェと再会できた。ウェルギリウスは案内の役目を終え、ダンテはベアトリーチェの導きで天国へと昇ってゆく。天国は地球を中心として同心円状に広がる10層の天から成り、ダンテはそれぞれの層で出会う聖人たちと神学について議論しながら天国の上層を目指して昇っていく。天国の最上層である第10天「至高天（しこうてん）」まで昇り詰めたダンテは、天上の純白の薔薇を見て、この世を動かすものが神の愛であることを知る。

教訓

この物語は、当時の腐敗したキリスト教会への批判を込めて創作されたと言われています。ダンテ自身は政治家として政敵から裏切られたり、正当な評価を受けなかったりする苦しみを味わいました。その経験から、『神曲』はダンテ自身の「死後の世界の解釈」として創造されたのです。ですから物語では、ダンテやその時代の人々が「なぜこんな奴が権力を持っているのか」と憤ったであろう人物たちが地獄に落とされ、苦しむ様子が描かれています。また、物語には政治家や当時の権力者だけでなく、伝説上の人物も登場します。案内役のウェルギリウスは、ダンテの時代から1000年以上前の古代ローマの詩人です。ギリシャ神話の英雄たちも容赦なく地獄に叩き落とされ、そこで厳しい刑罰を受けているのが面白い点です。例えば、ホメロスの『イリアス』に登場する英雄オデュッセウスや、トロイア戦争の英雄アキレウスも地獄にいます。ダンテは「なぜこの人物が地獄に!?」という衝撃を与えることで、読者に「自分も地獄に行くような罪を犯してはいまいか」と、自分自身の行いを省みるきっかけを提供しているのです。

ダンテは自分なりの解釈で、**神が何を「悪」と見なし、何を「善」としているのかを描きました。**地獄の最下層で「最も重い罪」とされるのは「裏切り」でした。ダンテは人の信頼や心を裏切ることは「魂の殺人に等しい」と位置づけ、物理的な殺人よりも深刻な罪であるとしています。これにはいろいろな解釈があると思いますが、「相手を信じる」ことの対極にあるからでしょう。「裏切り」は、至高天の神の愛や信頼の本質に反する行為だからです。相手を信じる気持ちを悪用してはならない——この戒めは時代を超えても変わらず続くものです。

皆さんも、どんな罪よりも「裏切り」を避けるよう心がけてください。それを犯すと、地獄の底に落ちるかもしれませんよ。

平安時代の京都が舞台

『羅生門』

芥川龍之介

教訓

生きるための悪行は許される。許されるが、報いを受ける。

ストーリー

昔、都の正門である羅生門の下で、1人の下人が雨宿りをしていた。当時、京都は災害や飢饉に見舞われ、地獄のような状態だった。羅生門も荒れ果て、辺りには引き取り手のない死体が放棄されていた。生活に困った下人は盗賊になろうかと考えていたが、その勇気が出なかった。

夜を越すために門の上へ登ると、人の気配を感じた。恐る恐る覗いてみると、1

時代	挑戦レベル	国・地域
1915年（大正4年） 紀元前 11c 12c 13c 14c 15c 16c 17c 18c 19c **20c** 21c	★☆☆☆☆	日本

人の老婆が女の死体の髪の毛を抜いていた。

正義の心から、下人は「何をしているんだ」と、老婆を問い詰めた。老婆は驚きながらも、「奪った髪でかつらを作って売ろうとしている」と説明した。「死体から髪を抜くのは悪い行為だと分かっているが、自分が生きるためには仕方がない。この女だって生前は、干した蛇を魚の干物だと偽って売り歩いていた。生きるためにそんなことをしていた女なのだから、きっとこの女だって私の行為を大目に見てくれるだろう」と。

それを聞いた下人の心には、かつて門の下では欠けていた勇気が芽生えた。それは、先程、老婆を問い詰めたときの勇気とは、反対方向に動こうとする勇気だった。

そして、下人はこう言った。

「では、己が引剥をしようと恨むまいな。己もそうしなければ、餓死(がし)する体なのだ」。

言うや否や、下人は老婆の着物を剥ぎ取り、逃げていった。下人の行方は誰も知らない。

教訓

『羅生門』というタイトルは、「修羅」と「生きる」を組み合わせた「羅生」と解釈できます。この物語は、地獄のような世の中で、悪いことをしなければ生きていけないという厳しい現実を描いています。正義を貫いて死ぬのか、悪逆の心を持って生きる「修羅」と化すのか、その境目としての役割を持っているのが「門」なのかもしれません。

はじめ主人公は「勇気が出ない」と言っていました。悪を成してでも生きる勇気がなかったのです。そんな主人公に対して、老婆はある種、「勇気を出した人物」でした。老婆は悪逆の理由を「この女も生前は生きるためにこういうことをしていたのだから、私のしていることは許されるはずだ」と正当化します。相手も「生きるための悪」を許容していたのだから、自分もそれを許されるべきだと言うのです。

相手が悪いことをしたから自分もそうするというのは、シンプルなロジックであり、筋が通っているように思えます。「自分が生きるための悪行は許される」というこの価値観は、現代にも通じるものがあります。出世のために人から蹴落とされてきた人は、出世のために人を蹴落とすことが許されるという考え方です。

この物語のラストシーンは圧巻です。「生きるための悪」を許容する老婆は、自らも「生きるための悪」を許容した他者に害されても文句は言えないのです。そして、下人もまた、「生きるための悪」を許容したわけですから、同じように他者から害されても文句は言えない状態に自らを追いやったわけです。

その先に待っているのは、きっと老婆と同じように、男も他者から害されるという結末でしょう。しかしそれをあえて描かず、「下人の行方は、誰も知らない」とすることで、余韻を残しています。

この物語は、「**自分が生きるための悪行は許される**」**という考えと、その行為には必ず報いがある**ということを暗に示しているのだと思います。自分の行為がやがて自分に返ってくるという教訓を、この物語は伝えているのかもしれません。

作者の熊本での体験から生まれた

『草枕』

夏目漱石

教訓

思うままにならないのが人の世で、
それを受け入れることは美しい。

ストーリー

主人公である画家は、知識や理性だけでは他人と対立するし、他人の感情ばかりを気遣っていると自分の足をすくわれると考えながら山道を歩いていた。人情に満ちた俗世から離れ、感情に縛られない「非人情」の旅をしていた。途中、雨が強まってきたので茶屋で雨宿りをしていると、茶屋の婆さんと馬引(うまひき)が那古井(なこい)に出戻りした娘について話しているのを聞いた。

時代	挑戦レベル	国・地域
1906年（明治39年） 紀元前 11c 12c 13c 14c 15c 16c 17c 18c 19c **20c** 21c	★★☆☆☆	日本

その娘は、「長良（ながら）の乙女」という長者の娘に身のこなしがそっくりの美しい娘で、京都で修行中に出会った男と、城下で最も多くの財産を持つ男の両方から求愛されていたという。娘は京都の男との結婚を望んだが、親が無理やり城下の男との結婚を決めてしまったため、折り合いが悪い様子であった。さらに日露戦争で旦那が勤めていた銀行も潰れてしまったため、娘は那古井に戻ってきたという。

その日、画家が宿に着いたのは夜8時頃だった。周囲の風景を詩に詠みながら床に就いた。翌朝、画家がぼんやり温泉に浸かっていると、そこに那美（なみ）という女将が着替えの着物を持ってきてくれた。那美は画家が生まれてから今日まで見たことがないような美しい顔立ちで、厳かな様子だった。画家は、彼女を絵にしたらどんなに美しいだろうかと思った。那美は、風呂に着替えを持って行ったお礼に、自分がミレーの「オフィーリア」のように水に浮かんで安らかに眠っている絵を描いてほしいと画家に頼んだ。しかし、那美はたしかに美しいが、その顔立ちには何か足りないものがあると画家は感じた。そこで、「あなたには何か足りないものがある。それが分かるまで絵は描けない」と言って断った。

ある日、画家が横たわりながら詩を考えていると、雑木林のほうから「エヘン」

という咳払いが聞こえた。そちらに目をやると、野武士のような物騒な格好の男が1人、行ったり来たりしていた。画家が目を離せずに見ていると、そこに那美がやってきて2人で何やら話していた。その男は那美の元夫で、貧乏のため日本にいられなくなり、満州に行くための金を那美にもらいに来たのであった。

那美のいとこの久一（ひさいち）が満州戦争に徴兵されることになった。最後の別れになるかもしれないので、画家は断る理由もなく、那美と一緒に駅まで見送ることにした。駅に着き、発車のベルが鳴ると、列車の中とホームとがまるで違う世界のように感じられた。汽車はゆっくりと動き出し、久一の顔も小さくなっていった。

最後の3等列車が画家の前を通り過ぎるとき、窓から何者かの頭が見えた。それは名残惜しそうに顔を出す那美の元夫だった。汽車が通り過ぎる刹那、2人は思わず顔を見合わせた。那美は茫然と汽車を見送っていた。その表情に画家は、今まで見たことのない「憐れ（あわれ）」を感じ取った。そして、ようやく絵が描けそうだと那美に伝えたのだった。

教訓

『草枕』は難解な物語ですが、その教訓は冒頭で明確に語られています。

「智に働けば角が立つ 情に棹させば流される 意地を通せば窮屈だ とかくに、人の世は住みにくい」

これを噛み砕いて言うと、「頭だけで物事を考えて論理的に話をしても衝突するし、情だけで物事を考えても自分の意図しない方向に進んでしまう。自分の想いを通そうとしても、人からやっかまれたりしてうまくいかない。世の中は生きにくいものだ」という意味です。

これは現代においても同じことが言えます。正論で世の中は動かないし、正論を言う人は煙たがられます。正しいことがいつも通るとは限りません。他人の感情を慮る(おもんばか)る優しい人は、周りとの人間関係に振り回されて苦労します。それでも自分の意思を通そうとするけれど、それもうまくいかない。世の中というのは、結局とても住みにくいものである……。昔も今も変わらず〝生きる〟ということは大変で、面倒くさいものです。

しかし、この物語の面白いところは、その面倒くささを肯定している点です。最後のシーンでは、女性の表情に「憐れ」が表れていたと言います。

人間関係のなかで苦悩し、自分がどう振る舞えばいいのか分からない。そんな状況の中で見える表情に美しさが表れていた、と。そんな**面倒くさい世の中でも、その困難があるからこそ「人情」を生む**ことを示しています。

生きるとは面倒くさいことで、ままならないことも多いものです。それでも、ままならないなかで生きていくその生き様は美しい。「存分に足掻き苦しむなかでこそ救いがある」ということを、この物語は示しているのではないでしょうか。

『草枕』　夏目漱石

僕が本を読み直す理由

「人間は意外と忘れっぽい生き物だな」と思います。昔読んだ本を読み返したとき、「あれっ、こんな話だったっけ？」と感じた経験はありませんか。忘れている部分が多いので再び読み返すわけですが、その時に抱く感情が毎回違うのが、読書の面白いところです。

例えば、太宰治の『人間失格』を読んで、主人公のことを「ダメ人間だなあ」と馬鹿にするときもあれば、「これって自分のことだな」「自分もこういうことするよなあ」と内省することもあります。また、坂口安吾の『堕落論』を読んで、「そうだよな。とにかくなんでもやってみよう！　どうせ堕落するんだから」とポジティブに開きなおるときもあれば、「うーん、このまま、綺麗なままで死んでいくというのもいいんだよなあ」と流れに任せてネガティブに終わりたくなるときもあります。

読書は「1回読んで終わり」ではなく、何度も何度も読み返して、忘れた頃にまた読んで違う感情になることができる「繰り返しの行為」が可能です。まるでプリズムのように、光の当たり方で色を変えるのです。本書で紹介した本は、読むたびに違う感想が得られるものばかりです。読み返しては、異なる捉え方を楽しんでみてください。

CHAPTER

4

「現代にも続く問題・強く生き抜くための教訓」

が分かる9冊

今も昔も、人間は同じ問題を抱えて生きています。他人に優しくできなかったり、社会の中でプレッシャーを感じたり、政治や権力の腐敗があったり、神を信じることができなかったり……。我々は、同じようなことを繰り返してきました。

それでも「昔よりもいい世の中になった」と言えるようになるには、過去の出来事に学び、そこでの教訓を今に活かす必要があります。

本章で紹介する本は、現代にも通じる問題を扱っています。名作は我々にさまざまな解決策を教えてくれているのです。

『ハーモニー』

伊藤計劃（けいかく）

教訓

人間の最大の問いは「幸福とは何か」である。

ストーリー

新たな統治機構「生府（ヴァイガメント）」のもとで、高度で過剰な医療経済社会が築かれた近未来。命を「公共のリソース」として大切にし、社会のために健康・幸福であることが義務づけられている。そのため、病気を引き起こす酒やタバコ、雑菌の多い場所は社会から徹底的に排除された。高度な医療技術により、人々は体内に埋め込まれたマイクロチップで、栄養や食事の状況を完全に管理されている。この社会では、自分

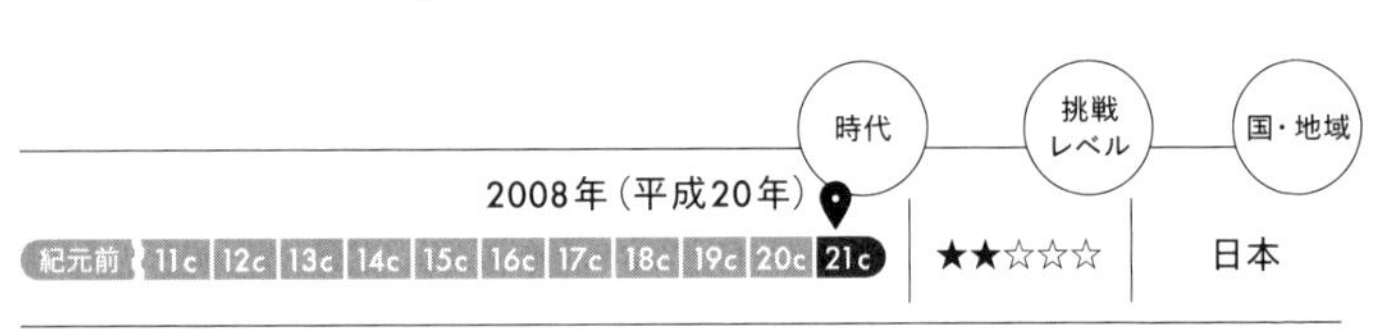

自身で身体の状態を気にしなくても生きられる。老いることも病気になることもなく、自分を傷つけることもできない。「自殺」は人間としてあるまじき行為とされた。ところが実際には、この社会を拒絶して自殺を選ぶ若者が多かった。

主人公の霧慧トァンは、そんな社会に疑問を持つ1人。友達の御冷ミァハは特別な女の子で、もう1人の友達である零下堂キアンとトァンに、いつも意味深で危険な思想を口にしていた。この社会に「耐えられない」と3人は自殺を試みるが、ミァハだけが亡くなり、トァンとキアンは生き残る。

その後、トァンはWHO螺旋監察事務局の監察官として、生府の監視の行き届いていない辺境や紛争地帯で活動していた。

あるとき、キアンと再会し昼食を共にするが、キアンは「ごめんね、ミァハ」という言葉を残して自殺してしまう。同時刻、世界中で何千人もが一斉に自殺を図る「同時多発自殺事件」が発生したのだった。

トァンは事件の捜査に当たる。調査を進めるうちに、生府上層部の組織が、同時多発自殺事件に関与している可能性を知る。事件を起こした犯人は、「健康・幸福社会を壊すため、1週間以内に誰か1人を殺さなければ、世界中の人間を自殺させる」

という犯行声明をテレビ放送で発表した。

トァンは、バグダッドで久々に父ヌァザと再会すると、同時多発自殺事件を仕組んだ人間を知ることになる。

また、トァンは、死んだはずのミァハの仲間から「ミァハがチェチェンで待っている」と聞き、チェチェンへ向かった。ミァハと再会したトァンは、彼女が「ハーモニー・プログラム」というものを起動させる理由を知る。彼女は深い思考や葛藤を排除することで、正しい選択をすることができると考えていた。この社会では、身体を公共のものとしても、意識は公共のものではなかった。身体を公共のものとする行為を嫌い自殺する人が何万人もいる一方で、自殺は人間としてあるまじき行為として蔑まれている。それならば、意識をも公共のものにしてしまえばいい。

トァンは、ミァハの考えを否定することはしなかった。

物語は最終的に、こう締め括られる。

「今人類は、とても幸福だ。とても。とても。」

『ハーモニー』　伊藤計劃

この作品には2つの問いが存在します。

1つは、「老いたり病気になったりしない『優しい社会』で、個人は本当に幸福だと言えるのか」。もう1つは、「人の命が管理された社会なら、いっそのこと身体だけでなく意識も放棄してしまったほうが、人間は幸せになれるのではないか」。

1つ目の問いは、命を「大切なもの」として、自分の身体を傷つける行為や、病気・不健康、そして自殺を否定するこの社会についてです。一見幸せそうに見えますが、酒もタバコも楽しめず、身体に関するすべてが「公的なもの」となる社会であり、病気や自傷行為も、人間が生を実感するためには必要なものだったのかもしれない……と読者に考えさせます。

2つ目の問いは、1つ目の発展形です。「身体」を公共のものにするだけでは不十分で、「精神」も公共のものにすれば、本当の幸せがやってくるのではないか。ハーモニーの世界では、この先も社会は続きます。天国のように争いがなく、人々が手を取り合って命を大切にする社会が生まれます。外から見れば完全なユートピアです。しかし、その1人ひとりには、自分が自分であるという意識がありません。それは、本当に幸せなのでしょうか。

「身体を公共のものとするとどうなるか」という1つ目の問いは、我々の想像力で理解でき、「こういう社会か」となんとなく分かる気がします。

しかし、「精神を公共のものとするとどうなるか」という2つ目の問いは、我々にはまだ理解できない領域だと感じます。どんな社会になるのか、それを幸せと定義してよいのか、判断が難しいのです。科学がもう少し発展した先で、2つ目の質問に対する答えを考えなければならないときが来るかもしれません。

幸福とは、いったい何なのか。**「身体の公共化」「精神の公共化」は、人を幸せにするのか。**過去も現在も、そして未来でも、変わらない問いとして存在し続けるでしょう。

『ハーモニー』 伊藤計劃

超難解と評されるロシア文学の傑作

『カラマーゾフの兄弟』

フョードル・ドストエフスキー

教訓

「神はいない、すべては許される」と信じられるかが分岐点になる。

ストーリー

強欲で好色な成り上がりの地主フョードル・カラマーゾフには、3人の息子がいた。乱暴者の長男ドミートリイ、インテリで理知的な次男イヴァン、純粋で道徳的に正しいことを是とする三男のアレクセイ。フョードルはどうしようもない人物で、人を騙(だま)し、家族であっても平気で傷つける。しかし、大悪党というわけではなく、道化のようでもある。3人の息子たちは彼の血を受け継ぎつつも、彼を反面教師にし

時代	挑戦レベル	国・地域
1880年 紀元前 11c 12c 13c 14c 15c 16c 17c 18c **19c** 20c 21c	★★★★★	ロシア

ている部分がある。例えば、ドミートリイはフョードルとは違って小心者で、好きな女性には純粋な一面を持つ。イヴァンは神を信じるアレクセイのことを好ましく思っている。アレクセイは神を心から信じており、イヴァンのことを「よく分からない」と感じている。

フョードルとドミートリイは折り合いが悪く、遺産相続や、グルーシェンカという女性の奪い合いで対立していた。ある日、修道僧であるアレクセイの師の仲介により、ばらばらに育った家族が一堂に会したが、フョードルとドミートリイは大喧嘩を始めて物別れに終わってしまう。このとき、イヴァンは「神がいるなら、虐待される児童も、非業の死もないはずだ。だからこの世に神はいない」と自分の考えを語るが、アレクセイの師に「自分で今言ったことを信じていないのではないか」と指摘され動揺した。ドミートリイは父に対し、「グルーシェンカを手に入れたら殺す」とまで言ったが、そんな彼にはカチェリーナという婚約者がいた。ドミートリイは、イヴァンこそがカチェリーナにふさわしいと考え、アレクセイに伝言を頼んだ。一方、イヴァンもカチェリーナを愛していた。アレクセイが伝言をカチェリーナに伝えに行くと、そこにはグルーシェンカもいた。伝言を聞いた彼女はカチェリーナを嘲笑したため、2人の女性も対立することになった。

また、ドミートリイはカチェリーナに頼まれ、かつて自分が乱暴を働いたスネギリョフという男に対し、訴えを避けるための見舞金を用意してアレクセイに届けさせた。しかし、スネギリョフは、息子が自分のためにドミートリイに石を投げたことを思い、見舞金の受け取りを拒否した。

師の容態が悪化し、凶兆を感じたアレクセイは、イヴァンから無神論の持説を聞かされた。イヴァンは、自分が異端審問にかけられ火刑にされそうになるという創作物語を話した。アレクセイはイヴァンの精神状態を心配しながらも、話を黙って聞いたので、イヴァンはアレクセイが自分の考えを理解してくれたと思い、喜んだ。

一方、イヴァンは、フョードルの私生児と噂される料理人スメルジャコフが「フョードルは殺されていい」と発言したことに内心同意し、また、動揺した。そんなか、スメルジャコフがてんかんの発作で倒れ、ドミートリイの来襲に備えた監視役を失ったフョードルは不安に陥った。

ドミートリイはカチェリーナと縁を切るために返す金を工面しようとしたが果たせず、父の金を盗もうとカラマーゾフ家に侵入した。しかし、使用人に見つかったため逃走し、その後、グルーシェンカが昔の愛人と会っていることを知り、現場に急行した。ドミートリイは無事に恋敵を追い払い、グルーシェンカから愛の告白を受けたが、その直後に逮捕された。罪名は「父殺し」。証言はすべてドミートリイにとって不利なものばかりであった。

イヴァンは父殺しの犯人がドミートリイだと考えたが、アレクセイはスメルジャコフを疑い、2人は意見が対立して絶交した。イヴァンがスメルジャコフに真相を問いただすと、スメルジャコフは自分が犯人であり、それを許可したのはイヴァンだと告白した。イヴァンの「神はいないから、すべては許される」という発言を言葉どおりに受け取り、フョードルを殺したのだ、と。イヴァンは怒り、翌日の裁判で真実を話すようスメルジャコフに迫ったが、彼はその直後に自殺してしまった。

注目の裁判では関係者が次々と証言し、ドミートリイに有利に進んでいくように見えた。しかし、最後にイヴァンが盗まれた金を証拠として提示し、犯人はスメルジャコフであり、犯行をそそのかしたのは自分であると告白した。さらに、イヴァンは次のように語った。「本当はドミートリイのことが嫌いで、カチェリーナの恋敵だから死んでほしいと思っている。しかし、それでも自分は正しいことをしなければならないと感じている。でも、なぜそうしなければいけないのか？　神はいない。すべては許されるはずだ。それなのに、なぜ自分はここで犯人はスメルジャコフだと言わなければならないのか？」。この葛藤で、イヴァンはついには発狂してしまった。一方、カチェリーナはドミートリイが父を殺すと書いた手紙を証拠として提出し、ドミートリイが犯人であると主張した。最終的にドミートリイは有罪とされ、シベリア流刑懲役20年を言い渡された。

判決後、病床に伏すイヴァンは、自分にもしものことがあったらドミートリイの脱獄を助けるようカチェリーナに頼んだ。スネギリョフの息子の葬式では、級友のコーリャがアレクセイに敬意を示し、ドミートリイのように何かのために犠牲になって生きたいと語った。

教訓

この物語は、神のいない今の時代を生きるためのメッセージを教えてくれます。

フョードルはずっと次のようなことを言っています。「神様がいるなら、自分の悪行は許されないだろう。でも、神様なんていないんじゃないか？」そして、「人間は何かを信じなければ生きていけない。誰かの前に跪かずにはいられない哀れな生き物だ。その相手は神様かもしれないし、人かもしれない」とも言います。

　これに対して、アレクセイは神はいると信じています。一方、イヴァンは「神はいない」と言いますが、実際にはその言葉に自信を持つことはできていません。父親のように「神様なんていない」と楽観的になれればもっと楽に生きられたでしょうし、アレクセイのように「神様はいる」と考えられれば正しく生きようと思えたでしょう。でも、彼はその狭間で葛藤し続けます。

　イヴァンは、矛盾に満ちた人物です。「神様なんていないのだから、自分はどうあってもいいんだ」と口にしながら、それは本心ではないだろうと指摘されると動揺します。最後の裁判の場面で、本当はドミートリイのことが嫌いで恋敵だから死んでほしいと思っているのに、「それでも事件の真相を明らかにしなければならない」と法廷に向かいます。彼が発狂したのは、「何が正しくて、何が間違っているのか」という葛藤を抱えていたからではないでしょうか。このイヴァンの葛藤こそが、我々に突きつけているメッセージだと思います。イヴァンの葛藤は、我々もずっと持ち続けて生きていかなければならないものではないでしょうか。

科学技術が進歩する以前、文明がまだ発展していない時期であれば、こんな葛藤もなく生きていけたでしょう。神様を信じ、その前に跪いて生きていればよかったのです。しかし、我々はもう神様のことを安易に信じられなくなってきています。神様がいるのなら、残虐な事件も非業の死もないはずです。神が沈黙している以上、この世に神はいないと考えざるを得ません。しかし、それでも**人間は何かを信じ、何かに縋（すが）っていなければ生きていけない**のです。

皆さんはフョードルのように「神はいない」と楽観的に生きますか？　それとも、アレクセイのように「神様はいる」と考えて生きますか？　おそらく多くの人は、どちらかに偏（かたよ）ることは難しいでしょう。イヴァンのようにどちらも信じられず、葛藤しながら生きていかなければならないのではないでしょうか。この物語は、「我々は、イヴァンの葛藤を持ちながら生きなければならない」という苦しさを教えています。イヴァンにとってアレクセイは唯一の救いであり、希望の光でした。物語はまた、「人は誰かの希望になることもできる」という救いの道も、同時に示していると言えます。

戦後の無頼派作家の代表作

『堕落論』

坂口安吾

教訓

堕ちることは、救いだ。

ストーリー

本書は戦後すぐに出版され、その冒頭で「半年のうちに世相は変わった」と述べている。戦時中は、特攻で散ることが美徳とされ、生還した者は後ろ指を指された。女性も特攻で亡くなった夫を思い続け、生涯未亡人として生きることが求められていた。しかし、この価値観はわずか半年で一変したという。

著者は、それを「人間の本質だ」と言う。著者によると、人間は「美しいものを

時代	挑戦レベル	国・地域
1946年（昭和21年） 紀元前 11c 12c 13c 14c 15c 16c 17c 18c 19c **20c** 21c	★★☆☆☆	日本

美しいままで保ちたい心」と「堕落する心」の相反する2つの考え方を持っている。例えば、花は放っておくと枯れてしまうため、美しい状態のときに摘みたいと考える。20代の美女も、いつかはしわくちゃの老女になってしまう。このように、美しいものは美しいまま残したいという欲求から、武士道や天皇制が生まれたと著者は考察している。

そして、美しいものを美しいままに保つための「偉大な大破壊」もまた美しいと言い、空襲や爆発、そしてその運命に従う人々も美しいと語る。人間には、そうしたものを美しいと思う感性があるのだと言う。

しかし一方で、人間は堕落する心も持っている。たとえ美しいものと理解していても、堕落を止めることはできない。「亡くなった夫のために一生独身を貫こう」と決意した人も、やがて新しい男性を求めるようになる。

同様に、長らく続いてきた天皇制も終わる可能性がある。それでも、それは間違いではなく、人間の本質であり、戦争程度のことで変わるものではないと著者は語る。

堕落を止めることはできず、止めることによって救われることもない。むしろ、堕落を受け入れるほうがよい、とも言う。
「堕落は人間の本質であり、その道を突き進むべきではないか」と著者は説いている。

教訓

皆さんは、「今が初恋」という言葉をご存知ですか。初恋というのは、「この相手が運命の人で、自分はこの人と出会うために生まれてきたんだ!」と思うほどに感情を動かされます。しかし、その恋が成就しなかったとしても案外すぐに立ち直るもので、あっという間に次の恋に走っていたりします。

そして、新しい恋は、前の恋よりも燃え上がっているように感じ、「前の恋は恋じゃなかった、これこそが初恋なんだ」と考えるようになるのです。こうした精神状態を「今が初恋」と呼びます。

「今が初恋」という感覚は勘違いである可能性もありますが、それは幸せな勘違いではないでしょうか。この考え方は、人間がどんなに大きな失敗をも乗り越える、強さやしたたかさを持っていることを示しています。

現実は時に無情で、この小説が発売された戦後の日本は非常に辛い状況でした。「戦争で死んだほうが、よかったのではないか」「生き残ってしまって申し訳ない」と感じる人も少なくなかったと言います。そうした時代に執筆されたにもかかわらず、本書では「そう感じることは間違いではないけれど、それでも生きて堕ちよう」とやさしく諭しています。『堕落論』というタイトルではあるものの、この本はとても明るいメッセージを伝えているのです。

堕落を否定するのは、生きること自体を否定することになります。それならば、**何度失敗しようが、どれだけ汚れようが、それと向き合って生きていくべき**ではないでしょうか。「今が初恋」でいいし、「あれがダメならこれで行こう」でいいのです。生きていくというのは、そういうことではないでしょうか。この本は、時代を超えて、そんな教訓を伝えてくれているのだと思います。

青春小説として世界的に支持される

『ライ麦畑でつかまえて』

J・D・サリンジャー

教訓

欺瞞だらけの社会において、折り合いのつけ方が肝となる。

ストーリー

16歳のホールデン・コールフィールドは、アメリカの名門私立高校に通っている。物語は彼が成績不振で学校から放校処分になるところから始まる。ホールデンは、純粋で素直なものを好む人間だった。しかし、彼の学校では弱肉強食が当たり前で、生徒たちは教師に取り入ったり、平気で嘘をついたりしていた。ホールデンはそんな環境に適応できず、放校処分になったのだった。

時代	挑戦レベル	国・地域
1951年 紀元前 11c 12c 13c 14c 15c 16c 17c 18c 19c 20c 21c	★★☆☆☆	アメリカ

学校を去る前に、ホールデンは教師や寮の仲間に別れの挨拶をするが、結局、皆汚い人間ばかりだと感じる。うんざりしたホールデンは、寮から追い出される前にそこから飛び出した。「親に合わせる顔がない」と思った彼は家に帰らず、ニューヨークで過ごすことにする。彼はニューヨークで自分の求めるものが見つかると思っていたが、そこでも心の汚い大人たちに騙(だま)されたうえ、お金を奪われたり、殴られたりして惨めな思いをする。ホールデンは、「なんで、目先の利益しか考えない人ばかりなんだ」と怒りを滲(にじ)ませる。

そんな旅の途中で、ホールデンは教会の修道女たちや、「ライ麦畑で誰かが誰かをつかまえたら」と歌う子どもたちと出会い、心癒やされる。これらの出会いを通じて、ホールデンは自分の内面と向き合うようになる。彼は純粋無垢なものが好きで、目先の利益にとらわれずに生きたいと考えているが、世の中にそういう人は少なく、生きづらさを感じる。

「なぜ、人は嘘をついたり悪事を働いたりするのか?」と考えたホールデンは、〝言葉〟が原因だと結論づける。言葉があるせいで人は嘘をつくのだと考え、今後は、口がきけず、耳も聞こえないふりをして、言葉を使わずに生きていくことにする。

ホールデンは、最愛の妹フィービーに別れを告げるため、彼女の小学校に向かった。フィービーは兄が学校を放校になったことに呆れ、「兄さんは世の中の何もかもが嫌なんだから、どの学校でも無理なんじゃないか」と言う。ホールデンがそれを否定すると、フィービーは「じゃあ、何になりたいの？」と尋ねた。その問いに、ホールデンは自分なりの答えを伝えるのだった。

フィービーが泣きながら「行かないでほしい」と言うと、ホールデンは「動物園に行こう」と提案する。動物園で回転木馬に乗るフィービーを見ているうちに、ホールデンは幸せな気分になる。そして、「こんなに幸せなら、家を出る必要はないんじゃないか」と思うのだった。

教訓

主人公のホールデンは社会に対する不満を抱える少年で、思春期特有の「世界の欺瞞（ぎまん）が許せない！」という気持ちを持っています。「世界は理不尽で、社会は間違っている」と思っているのです。我々も、一度はそう感じたことがあるでしょうし、今もそう思い続けている人も多いでしょう。

ホールデン自身は、品行方正な少年というわけではありません。少しかっこつけたり、他人からどう見られるかを気にしたりしています。それはいわゆる「中二病」と言えるでしょう。「現実には存在しない仕事」をしたいと言ってみたりします。でも、そんな無い物ねだりをしてしまう気持ちも理解できます。だからこそ、この本は面白く、不朽の名作となっているのでしょう。

最終的に、ホールデンの選択は当初のものとは変わります。極端な考えや社会に対する憤りは続いていますが、それでも幸せになれないわけではありません。そこにある**ささやかな幸せがあれば、生きていける**のです。この本は、そんな当たり前だけれど大切なことを教えてくれる1冊です。

医師免許を持たない天才「医師」が主人公

『ブラック・ジャック』

漫画

手塚治虫

教訓

生きることは奇跡であり、命には覚悟がいる。

ストーリー

天才的な医療テクニックを持ちながらも無免許の医師、ブラック・ジャック。彼のもとには、多くの患者が訪れるが、法外な医療費を要求することから「守銭奴(しゅせんど)」と言われることも多い。

しかし、彼は本物の天才であり、誰も治せなかった難病や絶望的な症例であっても、必ず治してしまう。

時代	挑戦レベル	国・地域
1973～1978年(昭和48～53年) 紀元前 11c 12c 13c 14c 15c 16c 17c 18c 19c 20c 21c	★☆☆☆☆	日本

彼はなぜ、法外な金額を要求するのか？　その理由は、ずさんな不発弾処置のせいで、幼少期に母と共に爆発事故に巻き込まれたことにあった。名医の本間医師によって命を救われたものの、彼は半身不随となり、全身には無数の手術痕が残った。また、重傷を負った母の姿を見て、父は妻と息子を捨てて愛人と共に消えてしまう。それから間もなく母は他界し、ブラック・ジャックは天涯孤独の身となった。

こうした経験から、彼は命の重さを痛感していた。本来であれば、「命」は金では測れない重みを持つものであるが、彼は多額の医療費を要求することで、その家族や患者の「覚悟」を確認しているのかもしれない。

ブラック・ジャックは法外な値段で雇われ、黒いつながりも絶えないが、命に対しては真摯である。人間もその他の生き物も平等に扱い、救おうとする。自然を愛し、患者から得た医療費は、自然保護のために寄付をしている。

彼には多くの苦難が訪れるが、その1つが安楽死に対応する医師ドクター・キリコとの対立である。キリコは、病気で苦しむ患者や死を願う患者を安楽死させる仕事を請け負っており、ブラック・ジャックとしばしば衝突する。「生き物は自然に死ぬべきだ。それを人間だけが無理に生かそうとする。どっちが正しいかね、ブラック・ジャック」と問いかけるキリコの言葉は、ブラック・ジャックを悩ませる。

また、ブラック・ジャックの命を救った本間医師とのやり取りも必見だ。「医師は人を治すのではなく、治す手伝いをするだけ。治すのは本人の努力」や「人間が生き物の生き死にを自由にしようなんておこがましいとは思わんかね」という本間医師の言葉も、ブラック・ジャックの心を揺さぶる。

教訓

生と死を描くこの作品からは、生きることがどれだけ奇跡的であり、それに介入することがいかに難しいのかを学ぶことができます。作者の手塚治虫は、「医師のジレンマを描いた」作品であると述べています。その言葉どおり、さまざまな挫折や苦難が描かれています。

象徴的なシーンの1つに、ブラック・ジャックが慟哭する場面があります。「神さまとやら、あなたは残酷だぞ。医者は人間の病気を治して命を助ける！　その結果、世界じゅうに人間が爆発的に増え、食糧危機がきて何億人も飢えて死んでいく。

それがあなたのおぼしめしなら、医者はなんのためにあるんだ」。

　ブラック・ジャックが言うとおり、命とは複雑で難しいものです。命を救おうとして、その行為が無駄になることもあれば、命を救った結果が悲劇を招くこともあります。それでも彼は諦めず、命と戦い続けます。

　ブラック・ジャックは自殺を嫌い、命を粗末に扱う人間を嫌悪しています。そのため、ドクター・キリコと対立します。

　しかし同時に、命に敬意を払い、命と真摯に向き合う人間を評価します。我々も、命に対して覚悟を持って接するべきです。もちろんそれは医者としてだけでなく、我々の人生においても適用すべきだと思います。この作品は、**「生きることの覚悟」を教えてくれている**のではないでしょうか。

動物を人間に見立てた風刺作品

『動物農場』

ジョージ・オーウェル

教訓

権力は腐敗し、理想は忘却される。

ストーリー

舞台はイギリスのマナー農場。ここで飼われる動物たちは、農場主ジョーンズによる仕打ちに不満を抱いていた。しかし、皆から一目置かれている豚のメージャーじいさんによる演説が、状況を打開するきっかけをつくる。メージャーは、農場における動物たちの不幸はすべて人間の横暴に起因すると話した。そして、人間を打倒し、動物だけで幸せに暮らす夢について語った。この理想を高らかに歌い上げた

時代	挑戦レベル	国・地域
1945年 (紀元前 11c 12c 13c 14c 15c 16c 17c 18c 19c **20c** 21c)	★☆☆☆☆	イギリス

曲「イングランドの獣たち」をメージャーが教えるやいなや、動物たちは熱狂し、農場は革命の熱気に包まれた。

演説の3日後にメージャーが亡くなると、残された動物たちは、メージャーの遺志を継ぐ革命の準備を始めた。中心を担ったのが、陽気で演説上手のスノーボールと、獰猛(どうもう)な外見で狡猾(こうかつ)なナポレオンの若い2頭の豚だった。彼らは、メージャーの教えを「動物主義」という思想体系にまとめ上げ、ついに動物たちを組織してジョーンズに反旗を翻した。ジョーンズ一家を農場から追い出すことに成功した動物たちは、農場を「動物農場」と改名した。そして、動物主義の原則をまとめ上げた7つの戒律が宣言され、この戒律に沿うかたちで新たな生活が始まった。なお、「すべての動物は平等である」という戒律を理解できない羊などの動物たちのために、より簡潔で覚えやすい格言も発表された。それが、「4本足は善い、2本足は悪い」というものである。

程なくして起こった「人間たちによる農場への攻撃」も乗り切った動物農場は、このまま良い方向へ向かうかに見えた。しかし、平和はそう長くは続かなかった。ナポレオンの陰謀によってスノーボールが農場から追い出され、ナポレオンとその側近たちが全権を握るようになった。ナポレオンは、巨大な犬たちを従えて恐怖政治を敷き、農場の運営も豚たちが行うようになった。豚たちは他の動物たちよりも良い食料を優先的に食べ、豪華な生活を送った。一方で、他の動物たちは厳しい労働を強いられ、食料は減り、生活はますます困窮した。

さらにナポレオンは風車の建設を始め、人間との取引を開始した。これらの行動に対しては、さすがの動物たちも抗議したが、ナポレオンは抗議する動物たちを粛清したり、失敗をスノーボールや人間たちによる陰謀だと説明したりした。豚たちの行動にそぐわない7つの戒律は都合よく改変され、かつて動物たちを熱狂させた「イングランドの獣たち」を歌唱することも禁じられた。

そしてついに、豚たちは2本足で歩き始め、服を着始めた。これは動物主義の戒律に明らかに反していたが、豚たちに洗脳された羊たちは、「4本足は善い、2本足はもっと善い！」と連呼した。

招待した人間たちと夕食会に興じる豚たちの姿は、どちらが人でどちらが豚か、もう区別できなくなっていた。

教訓

動物を描いた物語ですが、その実、描かれているのは人間の本性です。特に「豚」を醜い動物と位置づけて、人間の本性が説明されています。だからこそ、この物語では「人間と豚の違いが見分けられなくなってしまった」という展開が用意されているのではないでしょうか。最初は権力に対する執着などなく、理想に燃えていたはずですが、その理想は次第に剥がれ落ちていきます。権力を得ることで、醜く腐敗し、人の上に立つことでどんどん「豚」になっていく……。**人間の中に存在する暗くおぞましい側面を明示**しているように思います。

ジョージ・オーウェルの作品は、ファンタジー的でありながらも、我々の社会の本質と課題を鋭くえぐり出します。今も同様のことが起こっており、おそらく100年後、200年後にも、人間社会では『動物農場』と同じことが繰り返される可能性があるでしょう。それでも、我々は人間です。動物から進化して、社会を形成し、繁栄するようになりました。人間として懸命に戦うことで、動物農場とは違う地平に行くことができるとよいですね。

10人の登場人物が1人1話ずつ、10日間語る

『デカメロン』

ジョヴァンニ・ボッカッチョ

教訓

やらずに後悔するよりも、やって後悔したほうがいい。

ストーリー

1348年、イタリアではペストが大流行し、国じゅうが悲惨な状況となっていた。貴族パンフィーロの提案により、男女10名の貴族たちはペストから逃れるためにフィレンツェ郊外の別荘に集まった。彼らは退屈しのぎとして、10日間にわたって各自が10話ずつ物語を語ることにした。毎日、10人の中から1人が王役・女王役に任命され、その人がその日の物語のテーマを決める。残りの話者は、その日のテ

時代	挑戦レベル	国・地域
1348年〜1353年（紀元前 11c 12c 13c **14c** 15c 16c 17c 18c 19c 20c 21c）	★★★☆☆	イタリア

ーマに沿って物語を語る。ただし、毎回10番目に話すディオーネオだけは、自分の選んだテーマで語ることが許された。

集まった10人のうち男性は3人。別荘に集まることを提案したパンフィーロ、恋愛に悩む青年フィーロストラト、話術に長けていて毎日最後に物語を語るディオーネオである。残る7人は女性で、初日の女王を務めたパンピネーア、恋多き女性フィアンメッタなどが登場し、語り手の個性によって物語もさまざまであった。

1日目は自由なテーマで語られた。文書偽造が得意な悪人チェッパレルロが、懺悔していると嘘の告白をし、死後に村で聖人として扱われるようになった話や、金持ちだがケチなエルミーノが宮仕人グリエルモに気前の良さを教わる話などだった。

2日目のテーマは、予想外にめでたい結末を迎える話だった。父の遺産で遊んで暮らしていた3兄弟が破産して逮捕されるも、甥が修道院長と結婚したために牢から解放されて借金が片づいた話、馬を買いに行った男が美人詐欺師に金を騙(だま)し取られるも、墓荒らしの男を手伝ってルビーの指輪を手に入れる話などが語られた。

3日目のテーマは、知恵を働かせて何かを手に入れる話で、夫のいる女性がある紳士に好意を伝えるため、紳士と仲が良い修道士に「あなたと仲の良い紳士が私に言い寄ってくるのでやめるように伝えてほしい」と頼み、修道士はそのまま紳士に伝えた結果、紳士は女性の好意に気づくことができたという物語が語られた。

4日目のテーマは、不幸な恋の話で、娘の密会をとがめたサレルノ公がその相手を殺して心臓を娘に届けると、娘は毒を飲んでその後を追ったという物語などが語られた。

5日目のテーマは、不運な出来事ののち幸せな結末を迎える話で、駆け落ちしようと別々に町から逃げた男女が森で合流できず、逃げた先でたまたま同じ城に匿われて無事に再会した話などが語られた。

6日目のテーマは、機知に富んだ言い返しの話で、「この世に私ほど不愉快な顔を見てうんざりする人はいない」と話す傲慢な姪に対し「不愉快な顔を見るのがそんなに嫌なら鏡を見ないほうがいい」と言い返す物語などが語られた。

7日目のテーマは、女性の欲深さと悪さの話で、不倫の最中に夫が帰宅したため、慌てて不倫相手を使われていない樽の中に隠れさせ、「この樽を買ってくれるという人が見つかって、今は樽の中を点検中です」とごまかす物語などが語られた。

8日目のテーマは、あくどい企みの話で、体が透明になる伝説の宝石を探しに行った3人組のうち、2人が結託してもう1人の姿が見えなくなったふりをした。その男は自分が透明になったと信じ込み、自分に普通に話しかけた妻に対して「お前のせいで魔法の力が切れた！」と怒る物語などが語られた。

9日目は再び自由なテーマで、求愛を断るために無茶な要求をふっかける話や、賭け事で夫の財産まで失った妻が去ろうとする夫を逃さないよう「あの男に身包みを剥がされた」と喚(わめ)いて近所の人に取り押さえてもらう話などが語られた。

最終日である10日目は愛についての話で、国王に一目惚れした薬屋の娘が叶わぬ恋を嘆いて病に伏し、せめて気持ちを伝えようと恋の歌を届けたところ、国王が見舞いにやってきて娘が元気を取り戻す話などが語られた。

教訓

『デカメロン』は、ダンテの『神曲』と対比され、「人曲」と称されることも多い古典文学作品です。作中に描かれる１００の物語は、とんでもない話ばかりです。不倫の話や、教会の司祭が悪行に手を染める話、悪い人間が罰せられずに得をして終わる話など、宗教的な価値観や秩序とは、かけ離れた話が展開されます。

この物語が生まれた時代は、ペストが大流行した混乱の時期です。既存の秩序や神への信仰が全く役に立たず、人間の本性が露わになった時代でもありました。だからこそ、「神」や「秩序」など、それまでの社会では無条件に肯定されたものが、むしろ否定的に描かれています。その代わりに、「人間の強さ」が強調されています。機転を利かせて危機を乗り越えたり、騙して状況を好転させたり、悪知恵を働かせたり……。追い詰められたときにこそ現れる人間の「強かさ」が際立っています。

この作品の一番の教訓は「**やった後で後悔するほうが、やらないで後悔するよりもずっとましだ**」ということでしょう。現代社会においてもよく言われることですが、この作品の人間の強さが源流になったとも言われています。ちなみに、『君主論』の著者マキャベリも、『デカメロン』からこの一節を引用したといいます。

人間は、何かをするときに臆病になりがちです。目の前の大きな水たまりを飛び越えようとして失敗するかもしれません。それでも、足を止めずに前に進むことで新たなものが得られます。この作品は、そんな人間の強さを教えてくれています。

出版時、作者名は伏せられた!?

『ガリバー旅行記』

ジョナサン・スウィフト

教訓

自分にとっての常識も、他者にとっては非常識になり得る。

ストーリー

イギリス生まれの主人公ガリバーはロンドンで小さな診療所を営んでいたが、恩師の死がきっかけで経営難に陥る。資金を稼ぐために船医として航海に出ることが多くなり、ある日、嵐で船が難破して小人の島国リリパットに1人流れ着いた。ガリバーはリリパットの言葉を覚えて友好関係を築くものの、小人族は些細なことで喧嘩をすることが多く、隣国ブレフスキュとの戦争などのトラブルに巻き込まれる。

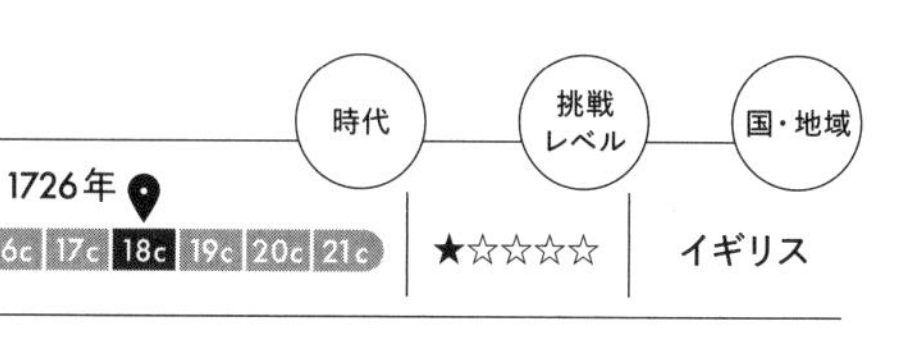

ガリバーはどうにか難を逃れてリリパットを脱出し、イギリスへ帰国した。

イギリスに戻ったガリバーは、妻子と平穏な生活を送る。しかし、また、異国の地を見てみたいという衝動を抑えられなくなり、再び航海に出た。そして、航海中にまたもや嵐に遭い、今度は巨人の国ブロブディンナグに流れ着く。ガリバーは巨人に捕らえられ、見世物として酷使され衰弱していくが、幸運にも王妃に保護される。王妃からは家具を備えた木箱を住居として与えられ、大きな寵愛を受けた。

しかし、ガリバーが王妃に自分の国の話をすると、「お前たちの国は、徳もないのに貴族になり、指導力もないのに軍人として昇進するような国なんだな」と酷評され、絶望する。そんなある日、1羽の大きなワシが、ガリバーが住む木箱ごとをさらって海に落としてしまう。ガリバーは再び漂流するが、偶然に通りかかったイギリス船に発見され、無事に祖国へ帰還することができた。

その後まもなく船医としての依頼を受けたガリバーは、好奇心を抑えきれず再び航海に出る。しかし、今度は海賊に襲われ、カヌーごと海に放り出されて、1人で無人島に漂着する。島の上空には、巨大な磁石で浮かぶラピュタ島が浮かんでいた。興味を持った島の住民に連れられて、ガリバーはラピュタ島の国王に謁見する。


『ガリバー旅行記』 ジョナサン・スウィフト

そこでは天文学や幾何学、音楽が非常に発達しているが、その他の分野では目立った成果はなかった。さらに、ラピュタ島の下にある領土バルニバービでは、デタラメな科学に基づく奇妙な研究が行われていた。例えば、医者は対立する2人の政治家の脳を2つに切断して、お互いの脳の半分ずつを繋ぎ合わせる手術をした。この手術により、2人は節度ある調和された思考を持つことが可能になる、という理屈だった。こんな状況に嫌気がさしたガリバーは、早々に見切りをつけて次の目的地グラブダブドリブへと向かった。

　グラブダブドリブには、どんな死者でも降霊できる魔術師の種族が存在した。ガリバーはアレクサンダー大王やアリストテレスといった歴史上の偉人を呼び出してもらうが、彼らの語る内容と史実との間に大きな齟齬（そご）があり、落胆する。

　次に訪れたラグナグ王国では、不死の人間がまれに生まれるという特異な現象があった。ただし、不死ではあっても不老ではないため、普通の人間と同様に徐々に体が衰えていく。ただ生きているだけで自力ではほとんど何もできず、見た目も極めて醜悪になっていく。ガリバーはその現実を知り、これまで抱いていた不死の人生への憧れを捨てることにした。その後、ラグナグと交易のあった日本へ渡り、長崎からアムステルダムを経て、およそ5年半ぶりにイギリスへ戻った。

しかし、その5カ月後には大型商船の船長になる依頼を受けて、再び海へ出ることとなる。途中の港で雇った船員の大半が海賊で、彼らに船を乗っ取られてしまい、ガリバーは見知らぬ土地に1人降ろされる。

ガリバーが降り立ったフウイヌム国は、非常に高度な知性と品性を兼ね備えたフウイヌムと呼ばれる馬の種族によって統治されていた。一方で、外見は人間に似ている愚劣で醜悪なヤフーと呼ばれる種族が被統治民として暮らしていた。ガリバーは見た目からフウイヌムたちにヤフーと勘違いされるが、言語を操ることや品のある所作から珍しがられた。ガリバーも必死にフウイヌムの言葉を覚えることで、次第に主君の寵愛を受けるようになった。

そんなある日、ガリバーが主君に人間とヤフーの違いについて説明していると、ブロブディンナグの王妃と同様に、人間の強欲さや暴力性、精神と肉体の脆弱性など、多くの欠点を指摘され、祖国や人間の存在を非難された。ガリバーは反感を覚えるものの、共に暮らすうちに、フウイヌム族が知性と品性両面において非の打ちどころがない高潔さに心酔し、一生この国で暮らしたいと思うようになる。

その矢先、いつかガリバーがヤフーと結託してフウイヌムに危害を加えるのではないかと周囲から恐れられていることを知らされ、ガリバーは泣く泣くイギリスへ戻ることにした。紆余曲折を経ておよそ5年ぶりに家族のもとへ帰るが、ガリバーはフウイヌムでの生活に順応しすぎていたため、ヤフーに似た人間の臭いを久々に嗅いで吐き気を催し、その後1年近く、まともに家族と食卓を囲むことすらできずに苦しむ。そしてガリバーは、人づき合いを避け、ひたすら思索にふける生活を送るほかないという、半ば諦めのような境地に達するのであった。

教訓

『ガリバー旅行記』は、〝風刺〟が面白い作品です。風刺とは、現実世界の出来事や社会の問題点を物語や絵を通して滑稽に描くことで、その本質を際立たせる手法です。この作品の魅力は、我々が信じている「正しいこと」が、実は間違っているのではないかと気づかせてくれたり、世の中の矛盾をユーモアを交えて指摘してくれることです。読むと、「確かにそうだ」と笑いながら納得させられます。スウィフトは、この作品に多くの風刺を織り込みました。

例えば、小人の国では、卵の割り方を巡って喧嘩が起こるエピソードがあります。これは現実の世界における宗教対立、特にカトリックとプロテスタントの間で些細なことから争いが起こることを示唆しています。また、巨人の国では、「お前の国は徳のない者が貴族となり、指導力のない者が軍で昇進するような国なんだな」とストレートに批判されます。さらに、バルニバービでは、「対立する2つの意見が調和すれば完璧になる」という誤った考えを風刺しています。フウイヌム国では、「人間は愚劣で醜悪なヤフーと同じである」という本作最大の風刺が示されています。

現代社会も完璧ではなく、さまざまな問題を抱えています。より良い社会をつくろうとしても新たな問題が次々に発生しますが、人間は完璧な存在ではないため、自らの間違いを正すことができないまま生き続けているのです。この作品は、人間がつくり上げた社会が、いかに間違いに満ちているかを教えてくれます。**自分の常識や価値観が他人から見れば異質に映る**こともある――当たり前のようでいて忘れられがちな事実を再認識させてくれる作品です。


『ガリバー旅行記』 ジョナサン・スウィフト

『7つの習慣』

スティーブン・R・コヴィー

教訓

自分の運命は自分で切り拓く。

ストーリー

本作は、世界中で大ヒットした自己啓発書である。著者はリーダーシップやマネジメントの権威であり、彼の25年にわたるコンサルティングの経験に基づいた理論が記されている。ビジネス書のイメージが強いが、家族や子育て、人間関係などの問題についても語られる。自立と、その先にある相互依存（助け合って生きていくこと）について実践的に解説していて、人生の指南書とも言える。

時代	挑戦レベル	国・地域
1990年（20c）	★★☆☆☆	アメリカ

作品の根底に流れているのは「インサイド・アウト」という考え方である。表面的なテクニックや環境に依存するのではなく、自分自身の人格や軸を育てることからすべてが始まる。人格は習慣から成り立つとしており、習慣は7つに分類される。習慣は、階段を上がるように順を追って身につけられていく。最初の3つは依存から自立へのステップを示し、次の3つは相互依存へと向かうためのものである。これにより、私的な成功を収めることから公的な成功を収める者へと成熟していく。最後の1つの習慣は、全体を包括する考え方となる。各習慣は次のとおりである。

私的成功

▼第1の習慣：主体的である

自分の影響が及ぶ範囲に目を向け、コントロールできないことには執着しない。

▼第2の習慣：終わりを思い描くことから始める

人生最後の日を念頭に、今日を生きる。目的地を定めるうえで、自分の価値観も明確になってくる。

▼第3の習慣：最優先事項を優先する

感情的に動くのではなく、目的に向かってやるべきことを選んでいく。

公的成功

▼**第4の習慣：Win-Winを考える**

相互依存を実現するにはWin-Winの関係が不可欠。信頼関係を築くことが大切。

▼**第5の習慣：まず理解に徹し、そして理解される**

相手の話を理解しようとしたうえで、自分も理解してもらえるよう働きかける。

▼**第6の習慣：シナジーを創り出す**

互いの違いを認め、補い合うことで、クリエイティブなエネルギーが生まれる。

全体を包括

▼**第7の習慣：刃を研ぐ**

肉体、知性、精神、社会・情緒の4つの側面からバランスを整えていく。

教訓

本書では、「良い人生を送るためには、良い人間になるべきだ」ということを強調しています。情報が溢れ、テクニックが氾濫する現代においてこそ、このメッセージは重要です。情報を単に追いかけるだけでは、物事の「本質」を見失うことがあります。例えば、英語を話せるようになりたい人が、英会話の本を買うとしましょう。英会話の本には2タイプあります。1つは、英語を話せるようになるために普段から行うべき訓練について解説したもので、即効性はなくとも徐々に英語が話せるようになる本です。もう1つは、「ここに書いてある英文を真似れば、よい感じに話せる」というもので、即効性はあるものの、根本的に英語が話せるようにはならない、本質が抜け落ちた本です。本当に英会話ができるようになりたいのであれば、**テクニックに頼らず、本質を理解すること**です。時間はかかるかもしれませんが、そのほうが真の実力を身につけることができます。「良い人生を送りたければ、良い人間になるべきだ」というメッセージも本質の重要性を言い表すものです。もし、歯科医に歯の治療を頼んで、痛み止めだけを処方されたら、「根本的に治してほしい」と不満を抱くでしょう。同様に、本質から変えていくアプローチをしなければ、「付け焼き刃の三日坊主」（表面的な改善）に終わってしまい、真の変化は望めないのです。

『7つの習慣』 スティーブン・R・コヴィー

COLUMN 4 

ライトノベルや
ポップカルチャーから学ぶこと

僕は漫画もライトノベルも読むし、アニメも観ます。それらの分野で語られる内容は「浅い」と思われがちですが、そんなことはありません。身近なテーマから深い話に繋がることも多く、学びのある作品がたくさんあります。

例えば、僕が好きな『恋物語』（西尾維新（にしおいしん）著）という作品はアニメにもなっていて、声優さんの熱演が光るシーンがあります。次のセリフは、平たく言うと、振られた女の子を慰めるための言葉です。

「俺は金が好きだ。なぜなら金は、すべてのものの代わりになるからだ。命も買える。愛も買える。幸せも買える。夢も買える。とても大切なもので、それでいて、かけがえのないものではないから好きだ。逆に言うと、俺はな、かけがえのないものが嫌いだ。あれがなきゃ生きていけないとか、それこそ自分が生まれてきた理由だとか、そういう希少価値に腹が立って仕方がない。阿良々木（あららぎ）に振られたら、お前に価値はなくなるのか？　お前の人生はそれだけだったのか？」

「お金」や「恋愛」といった一見矮小な話題から、「人生にかけがえのないものなんてない」という深いテーマに繋がるのが、ポップな作品の魅力です。

CHAPTER

5

「戦争や個人間の争い・強さと弱さについての教訓」

が分かる11冊

「生きることは戦いだ。それが戦いである以上、負けることもある」とは、西尾維新著『悲鳴伝』の一説です。

この言葉のとおり、生きることは戦いの連続であり、さまざまな場所やタイミングで大なり小なり戦いが起こります。他人と比較し、競争し、時には第三者も巻き込んで対立し、戦争に発展することもあります。人間は生きている限り、戦い続ける生き物なのかもしれません。

本章で紹介する作品は、そうした戦いとどのように向き合えばよいのかについて教えてくれます。戦いを知ることは、生きることを知ることでもあります。ぜひ、ここで紹介する本から学んでいただければと思います。

実際の事件を扱った近代日本文学作品

『金閣寺』

三島由紀夫

教訓

未来永劫続かないから美しく、ますます人を狂わせる。

ストーリー

主人公の溝口は、寺の僧侶である父親から「金閣寺ほど美しいものは、この世にない」と聞かされて育った。幼少期の溝口は吃音でいじめられることが多く、人間関係がうまく築けずに引っ込み思案な性格に育った。近所に住む有為子(ういこ)という美しい娘に心惹かれたが、吃音を馬鹿にされ拒まれてしまう。それ以降、有為子への憎悪を募らせ、彼女の死を願うほどだった。しかし、なんと彼の思いどおりとなる事

件が起こった。脱走兵と恋仲になった有為子は、「逃げられない」と悟った脱走兵に撃ち殺されてしまったのだ。この出来事は、溝口に大きな衝撃を与えた。

その後、溝口は父親に連れられて金閣寺を見に行くが、子どもの頃から思い描いてきた美しさは感じられず失望する。しかし、父の死後、金閣寺で修行を始めると、戦争の悲報が届くたびに金閣寺の美しさが増して見えるようになった。それは、金閣寺が空襲で失われるかもしれない、自分と同じようにいつかは灰になってしまうかもしれないという運命を意識したためだった。

大人になった溝口には2人の友人ができた。1人は、溝口の障害を馬鹿にすることのない鶴川という好青年、もう1人は柏木というずる賢い男だった。鶴川から「柏木とはつるまないほうがいい」と忠告を受けるが、溝口は聞き入れなかった。溝口は柏木に紹介された女性と関係を持とうとするが、いざ女の着物の裾に手をすべらせると、金閣寺の幻影に邪魔され、その女性と関係を持つことはできなかった。ある日、鶴川が死んだという知らせを受けて、溝口は絶望する。明るい世界との繋がりが絶たれたように感じ、人間関係がさらにうまくいかなくなった。寺での修行を始めた当初は、父の縁故で老師に後継者として目されていたが、老師から「後継にはしない」と言われてしまう。その一件がもとで寺を出た溝口は、突然「金閣寺を焼かなければならぬ」と思い立つ。溝口に対して破滅的なものを感じた柏木は、死の直前に届いた鶴川からの手紙を溝口に見せる。鶴川は溝口に「柏木とはつるむな」と言いながら、柏木だけに本心を打ち明けていたのだった。柏木は「世界を変貌させるのは認識だ」と言うが、溝口は「世界を変貌させるのは行為だ」と言い返す。そして、溝口は金閣寺を放火する準備を始める。まるで死ぬ前の準備のようだった。溝口は金閣寺に放火した。頂上で自殺するつもりだったが、金閣寺の扉は固く閉ざされていた。「拒まれている」と感じた溝口は金閣寺を出て山に登り、燃える金閣寺と火の粉が舞う夜空を眺めながらたばこを吸い、こう思った。「生きよう」。

教訓

溝口にとって金閣寺は「未来永劫続くものでないからこそ、その美しさが増していくもの」でした。彼は金閣寺と自分の運命を重ね合わせ、「自分の人生もいつかは破滅するだろう」と考えます。そして、「自分も金閣寺と同じように美しい存在になれるのではないか」と感じます。人間は儚いものにこそ価値を見出し、消え去るものに美しさを感じるものです。溝口はその感覚を自分の人生に結びつけました。

しかし、彼の人生が破滅に向かう一方で、金閣寺はその後も残り続けるだろうと考えます。戦争を乗り越え、自分の破滅後も存在し続ける金閣寺とは対照的に、自分の運命に絶望を感じた時、「金閣寺を燃やさねばならぬ」と思い立ったのではないでしょうか。本来であれば、金閣寺を燃やした後、自分の人生を終わらせるのが自然ですが溝口は「生きよう」と決意します。なぜなら、幼い頃から金閣寺の美しさに心奪われてきた彼は、金閣寺を燃やしてそれが消えたときに、はじめて**自分の命と金閣寺とは違う**ことに気づいたからです。柏木が言った「世界を変貌させるのは認識だ」とは、溝口の行動を通して証明されたのです。溝口は認識によって世界を変え、その方法として放火を選びました。この対比が物語の面白さを際立たせています。**儚いものに心を奪われるのは人の常であり、それによってしばしば人生を破滅させてしまう**ことがある。この物語は、そんな人間の本質を捉えた1冊だと言えるでしょう。

サンスクリット文学の最高傑作

『マハーバーラタ』

伝 ヴィヤーサ

教訓

人には運命がある。運命を受け入れて、生きよ。

ストーリー

この物語は、パーンドゥ王の息子であるパンダヴァ5兄弟と、その従兄弟であるクル国のカウラヴァ百王子との間の戦争を描いている。長いストーリーの中にさまざまな戦いが出てくるが、特に、雷神インドラの息子アルジュナと、太陽神スーリヤの息子カルナの戦いに焦点が当てられている。この2人は実は異父兄弟で、のちにその事実が明らかになる。つまり、神々の化身である兄弟同士で争うことになる。

時代	挑戦レベル	国・地域
前4世紀〜4世紀末頃 紀元前 11c 12c 13c 14c 15c 16c 17c 18c 19c 20c 21c	★★★★★	古代インド

主人公はアルジュナで、パンダヴァ5兄弟の三男。彼はカースト制度の上位に位置し、生まれたときから王子として育てられてきた。加えて見た目もかっこいい。一方、カルナは幼いときに母から捨てられ、養父に育てられたため、カーストの下層に位置している。彼は見た目も美しくなく、太陽神スーリヤを父に持つことだけを誇りに生きてきた。

武術の才能を持った2人は成長したのち、互いの存在を知らないままクル族の競技会に参加する。そこでパンダヴァ5兄弟が素晴らしい武芸を披露し、特にアルジュナの弓の腕は「並ぶ者はいないだろう」と絶賛された。カルナはこれに対抗して競技に飛び入り参加し、アルジュナに匹敵する武芸を披露する。そして、「さあ、優劣を決めよう」とアルジュナに挑戦しようとするが、王族であるアルジュナに挑戦するにはクシャトリヤ(王族)以上である必要があるため、カルナは身分の差から挑戦を断られてしまう。

そこに登場したのが、パンダヴァと対立する王家カウラヴァ百王子の長兄ドゥリーヨダナだった。彼はカルナを気に入り、その場で王族として迎え入れ、「彼には挑戦権がある!」と主張した。それ以降、カルナはドゥリーヨダナを親友として、カウラヴァ百王子のためにパンダヴァ5兄弟と戦うことになる。

物語はクルクシェートラの戦いに向けて進行し、アルジュナとカルナの対立が激化する。戦いの最中、アルジュナは母からカルナが異父兄弟であることを知らされ、「このまま戦っていいのだろうか」と葛藤する。この葛藤は「バカヴァット・ギーター」という詩として表現され、世界で最も深淵で美しい哲学的詩歌とされている。

一方、カルナにも転機が訪れる。カルナの強さの秘密は「絶対に何人もの攻撃にも効かない鎧」にあったが、それは太陽神の加護によって作られた鎧で、身に着けている限りは絶対に負けないというものだった。そこで、アルジュナの父インドラ神は、カルナを計略にはめることを思いつく。「沐浴中にバラモン僧から施しを要求された場合は必ずそれに応じる」というルールを課されていることを知っていたインドラは、バラモン僧に扮して、カルナに鎧を渡すことを要求した。

カルナがその要求に応じて鎧を渡すと、「これでカルナは無敵ではなくなった！」とインドラ神は喜ぶが、カルナはそれでも戦いに赴いた。「なんで戦いに行くんだ、お前は負けて死ぬだけだぞ！」という問いに、カルナは次のように答えた。「それが自分の運命だから。父であるスーリヤの威光を汚すことは、私にとって敗北に等しい。私は、そのためだけに生きてきた。自らを産み、育ててくれた者たちに胸を張れるように生きてきた。そして、ドゥリーヨダナへの恩もある。だからこそ自分は、戦いに行くのだ」と。その言葉を聞きカルナの決意に感銘を受けたインドラ神は自らを恥じ、奪った鎧の対価として、自分の最強の武器である「神殺しの槍」を与えた。

こうして、さまざまな思いを抱えた登場人物たちによって、「クルクシェートラの戦い」が行われることになった。

教訓

『マハーバーラタ』はカースト制度やインド哲学の源流を理解するうえで重要な作品です。物語の中で強調されているのは、「運命がある」ということです。カルナは生まれた時から迫害される立場で、負ける運命を背負っています。アルジュナが多くのものを持っているのに対して、カルナはそうではありませんでした。そんなカルナが、死ぬ可能性が高いにもかかわらず、なぜ戦いに赴いたのかといえば、「今の自分があるのは、自分を産み、育ててくれた人や助けてくれた人のおかげであり、自分はそれに恥じない生き方をしなければならないから」だと言います。たとえ負けると分かっていても、そうしなければならなかったのです。

この「運命を肯定する姿勢」は、アルジュナの葛藤や、他の登場人物たちの行動や考え方にも現れています。葛藤の中で、人々は「神」という存在を見い出していくのです。

現代を生きる我々にとっては、神の存在を感じたり信じたりする姿勢は理解しにくいかもしれません。しかし、僕はカルナの「**今の自分があるのは、自分を産んでくれた人や育ててくれた人の存在や、多くの助けがあったから**であり、自分はそれに恥じない生き方をしなければならない」という考え方こそが、この物語が示す教訓」だと思います。人は1人では生きていけない、とはいつの世にも共通する教えだと思います。

巨大魚と漁夫の死闘を描く

『老人と海』

アーネスト・ヘミングウェイ

教訓

闘うことは、無報酬でも美しい。

ストーリー

この物語では、キューバの小さな漁村に住む年老いた漁師サンティアゴの孤独な闘いと強靭な精神力、そして自然との対峙が描かれる。老人の試練は、単なる物理的な闘いにとどまらず、彼の内面的な葛藤や、夢と現実の狭間で揺れる心情も表している。老人は84日間も魚が釣れないという不運に見舞われ、村人たちから「サラオ（不運）」と呼ばれている。彼の弟子で親友でもある少年マノリンは、親の指示で

時代	挑戦レベル	国・地域
1952年 紀元前 11c 12c 13c 14c 15c 16c 17c 18c 19c **20c** 21c	★★☆☆☆	アメリカ

別の漁師のもとで働かざるを得なくなるが、それでも老人を深く尊敬し、彼の世話を焼いた。マノリンは老人に食べ物を差し入れしたり、彼の釣り道具を手入れしたりと、何かと支援を惜しまない。

85日目の朝、老人はいつもより遠くの海へと船を漕ぎ出す。彼は「ラ・マル（女性としての海）」の恵みを信じ、遠洋に出る。その日の午後、老人の釣り竿に、ついに巨大なカジキがかかった。しかし、この魚は非常に力が強く、老人の小さな船を引きずり回し、彼と2日2晩にわたる激しい闘いを繰り広げた。闘いのなかで、老人は魚との一体感を深く感じ始める。彼はこの魚を「兄弟」と呼び、その強靭さと美しさに畏敬の念を抱くようになる。それでも老人は自分の経験と技術を駆使し、あらゆる手段を尽くして魚を仕留めようとする。日が沈むと、老人はしばらくの間まどろみ、イルカの群れや村の自分のベッド、そしてライオンの夢を見た。

そして3日目、ついに彼はカジキを槍で突き、仕留めることに成功した。魚の大きさに驚きつつも、老人はそれを船に縛りつけ、村へ戻る航海に出た。しかし、老人の試練はまだ終わらない。帰路の途中、カジキの血の匂いを嗅ぎつけたサメが次々と襲ってくる。老人は懸命にサメと闘うが、彼の武器は限られており、次第にカジキの肉が奪われていく。最終的にはほとんどのカジキの肉を失った。

村に戻ったときには、巨大なカジキの骨だけが船に残されていた。老人は疲れ果て、失意の中で自分の小屋に戻った。翌朝、少年は老人を訪ね、老人の傷ついた手や疲れ切った体を見て涙を流す。少年は再び老人と一緒に釣りに行くことを誓い、老人を励ました。漁村の人々は老人の勇敢な闘いの話を聞き、彼の船に残された巨大な魚の骨を見て彼の偉業に感嘆した。目を覚ました老人はコーヒーを飲みながら、少年とまた一緒に釣りに行くことを約束する。少年に見守られながら老人はまた眠り、好きなライオンの夢を見るのだった。

教訓

老人の闘いは、無意味だったのでしょうか？　この物語のラストでは、あれだけ壮絶な闘いをしたにもかかわらず、老人は何も得ることなく終わりました。自分の命を賭けて懸命に闘った結果として、彼は何も得ることができませんでした。残ったのはカジキの骨だけです。そう考えると、一見してこの物語はバッドエンドで、

「闘っても虚しいだけ」という現実を突きつけているように感じられます。

しかし、それだけではないのです。闘った結果、何も得られませんでしたが、その物語を聞いた少年は勇気をもらい、老人自身も懸命に闘うことへの気力を得ることができました。何の報酬もなかったとしても、闘うこと自体には必ず意味があります。例えば、海の中では、**むき出しの生命がただ「生きるため」だけ**に闘っています。その姿は美しく、老人もカジキとの闘いのなかで、その美しさや気高さに触れ、相手のことを想うようになります。最後には何も残らないかもしれませんが、それでも闘った相手や、その話を聞いた誰かに影響を与えることになりました。このように、「闘う」という行為は、ただそれだけで意味のあるものなのです。

最近、「タイパ（タイムパフォーマンス）」という言葉が叫ばれるようになりました。何か努力をしたら、その分だけ結果や効果が欲しい。意味が欲しいし、成果が欲しい。そう考えることは間違ってはいませんし、時間をかけた分、結果が欲しくなるのは当たり前のことです。しかし、それを超えた次元にある美しさもあるのではないでしょうか。この物語は、その美しさを教えてくれています。

『老人と海』　アーネスト・ヘミングウェイ

「斜陽族」という言葉まで生まれた

『斜陽』

太宰治

教訓

没落の中でたくましく生きる人間と、
そうは生きられない人間がいる。

ストーリー

終戦直後、没落した貴族である主人公のかず子とその母は、優雅な生活を失い、家を売り払い、伊豆の山荘に移り住む。しかし、母親は突然体調を崩し、寝たきりになってしまう。かず子は生活のために、今までしたことのない農作業に取り組む。

そんな折、戦争で亡くなったと思われていた弟の直治が、南国の戦地から帰還する。しかし、現地で麻薬中毒になった直治は、家の金を持ち出して遊びまわるばか

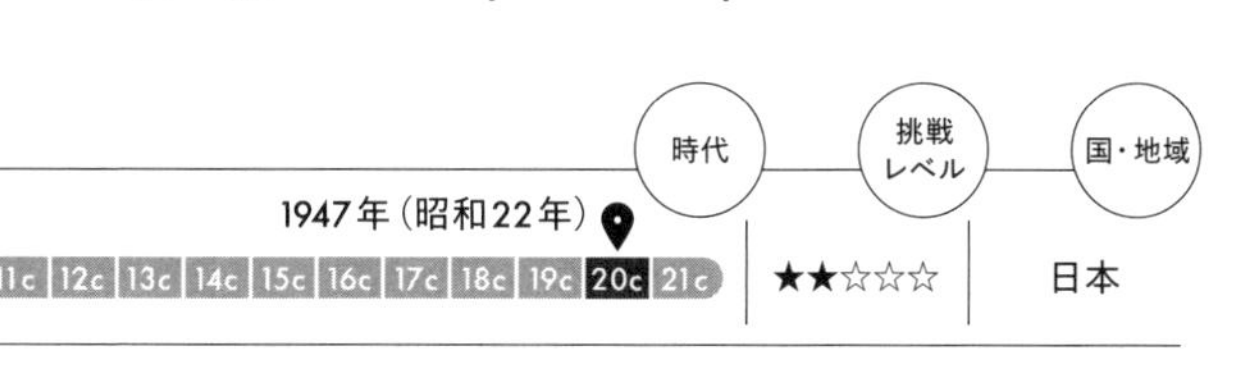

りだった。かず子は、伊豆での安泰な生活に次第に暗雲が立ち込めていると感じる。ついに家の貯金が底をつきかけた頃、かず子は6年前に一度だけ会った上原という男のことを思い出す。当時、かず子は直治のアヘン（麻薬の一種）の借金を返すために上原に援助を頼み、秘め事の関係を持った。しかし、彼には妻子がいたのである。かず子は上原に恋文を送るが、返事が来ることはなかった。

ある日、母が結核にかかっていることが判明する。不治の病の母と、麻薬中毒で荒れている弟を持つかず子は、絶望の淵に立たされる。かず子は、お金では解決できない状況を次第に受け入れるようになる。

母が亡くなると、かず子は恋と革命に生きることを決意し、上原のもとへ押しかける。上原は6年前と打って変わって酒に溺れていた。最初、上原は「貴族は嫌だ」とかず子を拒絶するが、かず子の強い思いを感じ取り、その夜2人は結ばれる。

翌朝、かず子は直治が自殺したことを知る。弟の遺書には、貴族としての苦しさや完全には俗人になりきれなかった虚しさ、そして密かに上原の妻に恋をしていたことが綴られていた。かず子は上原の元へと戻ったときに、自身が上原との子を身籠っていることに気づく。財産も家族も失い、妻子を持つ上原もかず子の元を去っ

『斜陽』　太宰治

てしまうが、かず子はシングルマザーとしてお腹の中の子を育てる決意を固める。また、かず子は、不倫相手の子を女手一つで育てることは悪であるという古い道徳と戦いながら、太陽のように明るく生きることを決意する。

教訓

『斜陽』というタイトルは、太陽が沈んでいくように、かつての勢いを失い没落していく様を象徴しています。かつては〝貴族〟であった登場人物たちが、戦後の変動のなかで生活に困窮していく様子を指して「斜陽」と表現しています。戦後の日本における没落貴族たちの苦悩と再生を描いている作品です。

物語には、没落した貴族たち、作中の言葉で表すと「道徳の過渡期の犠牲者たち」が登場します。そうした1人である主人公のかず子は運命を受け入れ、第二の人生を生きることができましたが、弟の直治は運命を受け入れられずに自殺しました。母も無邪気に過去の価値観を抱いたまま死んでいきました。このように小説のタイトルは、登場人物それぞれの「没落（斜陽）との向き合い方」を象徴しています。

一度上げた生活レベルを下げるのは、とても難しいものです。かず子は、これまで多くの問題をお金の力で乗り越えてきました。しかし、戦後の社会変動によって家族の財産は減少し、従来の生活を維持することが難しくなります。家族の崩壊や直治の問題行動、母の病気など、お金ではどうにもならない現実に直面したとき、かず子は絶望を経験します。それでも、かず子は現実を受け入れて、「普通の人」として生き延びることを選びました。恋をし、戦いに挑み、最後にはその戦いを「革命」と呼び、古い価値観を壊すことを志します。**時代に翻弄されて没落した自身の運命を受け入れ、逆に時代を変えるため懸命に生きる**のだ、と。革命とは、下の身分のものが上の身分や社会制度を変えることを意味しますが、かず子が「革命」に参加するには、「もう自分は貴族ではない」と受け入れる必要があります。没落する（斜陽の）なかで、自分の身に起きた変化を受け入れ、それでもそこから立ち直ろうとする勇気を持つことで、新たな可能性を見出すことができるのだと思います。一方で、そうなれない人々も描かれています。上原とかず子が結ばれ、革命が成功したその日に、弟の直治は「貴族としての自分を捨てられなかった」と言って自殺しました。このコントラストが、物語の美しさと残酷さを際立たせています。

バスケ競技人口を大きく増やした

『SLAM（スラム） DUNK（ダンク）』

漫画

井上雄彦（たけひこ）

教訓

本気で打ち込むからこそ、本当に好きになれる。

ストーリー

神奈川県立湘北高校に入学した主人公、桜木花道（さくらぎはなみち）は、高身長で赤髪のリーゼントヘアがトレードマークの不良少年。中学時代に幾度となく失恋し、最後に振られた相手がバスケ部員に好意を持っていたことから、バスケットボールを嫌うようになった。しかし入学早々、花道は初心者ながらバスケを始める。男子バスケットボール部キャプテンの妹で、部員スカウトのために声をかけてきた赤木晴子（あかぎはるこ）に一目惚れ

時代	挑戦レベル	国・地域
1990〜1997年（平成2〜9年） 紀元前 11c 12c 13c 14c 15c 16c 17c 18c 19c **20c** 21c	★☆☆☆☆	日本

をしたからだ。晴子目当てでバスケ部に入部した花道は、さっそく大きな壁に直面する。中学時代から県下にその名を轟かせていたスーパールーキー、流川楓である。高身長でルックス抜群の流川に、晴子はぞっこんだった。バスケ部に入る前から流川とひと悶着あった花道は、強烈な対抗心を燃やして猛烈な練習を重ね、晴子の気を引くために誰もが驚くほどの急成長を遂げる。

もともと驚異的な身体能力を持つ花道だが、指導者とチームメイトにも恵まれた。湘北高校には、かつて大学バスケ界きっての名将と謳われ、全日本代表の選手だった安西監督がいた。彼は花道の才能と能力を見抜き、流川との競争を通じて大きな成長を促していく。晴子の兄で、湘北バスケ部主将の赤木剛憲は、強力なキャプテンシーと恵まれた体格、そして豊富な練習量に裏づけされた確実なプレイで常にチームを牽引していた。元中学MVPの三井寿は、けがでバスケの道を諦め不良の道に進んだが、湘北バスケ部のメンバーとのトラブルの後に心を入れ替え、復帰後はその能力を発揮して何度もチームの窮地を救った。宮城リョータは花道とあつい友情を交わし、バスケのテクニックを花道に伝授した。また、試合では切り込み隊長としてスピード感あふれるプレイで相手チームをかき乱すなど、大きな存在感を発

『SLAM DUNK』　井上雄彦

揮した。そして、花道の永遠のライバルである流川は、ナンバーワンルーキーの噂に違わぬ活躍を見せ、1年生ながら圧倒的なプレイで相手チームばかりか味方でさえも驚嘆させることが何度もあった。ほかにも、チームを献身的に支える副キャプテンの木暮公延や、何かあれば常に駆けつけてくれる中学時代からの不良仲間の桜木軍団など、多くの仲間に恵まれた花道は、バスケの面白さに目覚め、のめり込んでいった。

夏のインターハイ制覇を目指す湘北は予選を順調に勝ち進んで決勝リーグに進出した。初戦の相手は強豪、海南大附属高校だった。激戦を繰り広げ勝利まであと一歩というところまで迫るも、最終局面で惜敗。花道は自責の念でふさぎ込むが、心機一転、トレードマークのリーゼントを丸刈りにして立ち直る。リーグ最終戦の相手は宿敵の陵南高校、しかも安西監督が急病で倒れてしまい、湘北は指揮官不在の戦いを強いられる。しかし、チーム一丸となって幾多のピンチを乗り越え、激闘の末に勝利を収めて海南に次ぐ準優勝を果たした。

その後、湘北チームは強化遠征に乗り込むが、花道は安西監督から、学校に残って1週間でジャンプシュートの練習2万本という地獄の特訓を言い渡される。花道が今持つ攻撃手段はレイアップとダンクシュートのみ。今後のさらなる飛躍を見込んでの、安西監督の提案だった。花道は黙々と練習に打ち込み1週間で2万本というノルマを達成。ジャンプシュートという新たな武器を身につけた。

湘北チームはインターハイ初戦で、大阪府代表の豊玉高校と対戦。前評判では豊玉のほうがはるかに実力は上とされていたが、さらなる成長を遂げた花道や、試合中の負傷を乗り越えたエース流川の活躍により勝利を収める。続く2回戦では、秋田県代表校の山王工業高校と対戦。前年度までのインターハイで3連覇を果たし、王者と呼ばれる超強豪である。一時は20点以上の差をつけられ、湘北チームは敗色濃厚であったが、驚異的な粘りで反撃を開始。花道はルーズボールを追った際に客席に飛び込んで背中を負傷してしまうが、痛みを押してプレイに戻り、湘北を逆転勝利に導いた。しかし、この試合ですべてを出し切った湘北チームは、続く3回戦で大敗した。

インターハイ後、花道はチームから離れてリハビリに取り組んだ。山王戦で負った背中のケガは選手生命にかかわるほどだったが、花道は再びコートに立てることを信じ、懸命にリハビリを続ける。当初は晴子の気を引くために「バスケが好き」

『SLAM DUNK』　井上雄彦

と嘘をついていたが、今では心の底から「バスケが好き」と言えるほどになっていたからである。

教訓

『SLAM DUNK』は、いまだに多くの人々に愛され続けているバスケットボールをテーマとした漫画です。僕が皆さんに教訓として伝えたいのは「人は、本気で打ち込むなかで、本当に物事を好きになれる」ということです。

主人公の桜木花道は、最初は晴子に興味を持ってほしい一心で「バスケが好き」と嘘をついていました。それが、バスケに打ち込むうちに少しずつ真剣になり、ついには「大好きです。今度は嘘じゃないっす」と語るまでになりました。

この変化は、我々が何かを好きになるプロセスと似ています。はじめから何かを心から好きだという人は少なく、たいていは、**仲間と一緒に頑張って取り組んでいるうちに、だんだんと好きになっていく**ことが多いのです。そして、最終的には、その物事を心から好きになることができるようになります。

この作品には、こうして物事を本当に好きになるプロセスが描かれています。ただし、最初の段階で重要なのは、多くの人が「嘘」をついてスタートしているということです。つまり、最初は本当に好きではないのに、「これが自分は好きだ」と言い聞かせることから始まります。この「**嘘」があってこそ、本気で取り組めるようになる**のです。本気で取り組めば取り組むほど、その物事を好きになるまでの速度が上がります。最初は偽りでも、真剣に続けるうちに、その物事に対する愛情や情熱が本物になっていくというわけです。

ちなみに、将棋の棋士を描いた『3月のライオン』という漫画の作者、羽海野(うみの)チカ先生も『SLAM DUNK』に大きな影響を受けたと語っています。『3月のライオン』が主人公の「将棋が好きだ」という嘘から始まるのも、『SLAM DUNK』のエピソードに基づいているのでしょう。人は時に、嘘をつき、その嘘を貫くなかで、本当に好きになっていきます。皆さんが何かを始めるときも、最初の段階では嘘でかまわないのだと思います。それでも、本気でその嘘をつき続けていれば、いつかは本物になっていくのではないでしょうか。

『SLAM DUNK』　井上雄彦

プロレタリア文学の代表作

『蟹工船』

小林多喜二

教訓

飲み込まれるな、声を上げろ。

ストーリー

「おい地獄さ行ぐんだで！」

雪の降る函館港にかき集められた坑夫や漁夫、ゴム靴会社の職工たち。彼らは蟹工船に乗って労働するしか生き延びる手段がない東北の貧困者たちである。地元にいても継ぐ家のない次男や三男も混ざっており、中には15～16歳の姿もあった。

蟹工船には蟹を獲るための小型船を8隻積んでいた。船員も漁夫も皆、襲ってく

時代	挑戦レベル	国・地域
1929年（昭和4年） 紀元前 11c 12c 13c 14c 15c 16c 17c 18c 19c **20c** 21c	★★☆☆☆	日本

る大波に小型船が攫(さら)われないよう、命懸けで働いていた。しかし労働監督の浅川は「貴様等の1人、2人が何なんだ」と人の命を顧みず、己の利益だけを優先して非人道的な労働環境を強いた。寝床は空気が濁って臭く、通路にはリンゴやバナナの皮が捨ててあった。仕事が終わると皆、「糞壺」と表現されるその寝床に転がり込んで雑魚寝をした。極寒の船内で皆ガタガタと震えていた。休みがなく、風呂にもまともに入れず、病気で倒れそうになっても働かせられる。労働が辛くて逃げ出した仲間の1人は浅川によってトイレに監禁され、死んでしまった。

蟹工船は工場船であり、航船ではないために航海法は適用されなかった。しかし工場であるにもかかわらず、海上に出ているので工場法も適用されない。いわば無法地帯のような惨状だった。資本家たちは「これは日本帝国のためだ」と言い訳をしながら、自分たちは苦労することなく大金を手に入れていた。彼らにとって安い金で雇える労働者をこき使うことは、気にも留める必要のないことだった。

あるひどく荒れた暴風雨の日、無理やり漁に出された労働者たちの乗る小型船が行方不明になった。浅川は、そこに乗船していた人間ではなく、積まれていた蟹を惜しんだ。仲間たちが乗る蟹工船の帰還を心待ちにしていた漁夫たちは、行方不明者の死を覚悟した。ところが3日後、ロシア人の家族に救出された漁夫たちが、突然帰ってきた。漁夫たちによると、ロシア人が中国人の拙い通訳や身振り手振りを交えながら、彼らに「プロレタリアート（労働者階級）こそが至極の存在」であることを教えてくれたという。

人権意識に目覚めた労働者たちにより、ついにストライキが発起された。

「諸君、とうとう来た！　長い間、俺たちは待っていた。俺たちは半殺しにされながらも、待っていた。今に見ろ、と。しかし、とうとう来た。諸君、第一に、俺たちは力を合わせることだ。俺たちは何があろうと、仲間を裏切らないことだ。これさえしっかりつかんでいれば、彼奴等如き（きゃつらごと）をモミつぶすは、虫ケラより容易いことだ！」

浅川を追い詰めて成功しそうに見えたストライキだったが、会社が助けを求めた国の駆逐艦のクルーによって鎮圧され、中心人物9人が捕まってしまった。ストライキは失敗に終わったが、彼らは「次こそは」と皆で立ち上がった。

教訓

『蟹工船』は、ひどい状況のなかで頑張っている労働者たちが、ついに声を上げてストライキを決行する物語です。最終的にストライキは成功しませんでしたが、皆が「次こそは」という気持ちになったことで、彼らの未来は明るいのではないかと感じさせてくれます。今では考えられないような劣悪な環境で働く人たちの話ですが、現代社会においても、この物語の教訓は強く響くのではないかと思います。**「自分の権利を主張するためには、しっかりと声を上げなければならない」。これは当たり前のようでいて、なかなか難しい**ことです。

現代ではブラック企業とホワイト企業なんて言葉が生まれ、労働者の権利がかなり充実するようになりました。その反面、ストライキをしたり、声を上げたりする人の数はめっきり減ったように感じます。むしろ、そういった活動をしている人に対して冷ややかな視線を向けたり、「あんな無駄なことをして、何をしているんだ」と言ったりする人が増えたように思います。それでも僕は、この本で描かれているようなパワーが、今の世の中にこそ必要なのではないかと感じます。

第一次世界大戦をドイツ軍志願兵の視点で描いた

『西部戦線異状なし』

エーリヒ・マリア・レマルク

教訓

戦場から離れると、戦争の異常性に気づけない。

ストーリー

第一次世界大戦中、ドイツのある街では戦場へ向かう兵士たちが民衆の大歓声を浴びながら行進していた。「国のために戦うことは名誉である」と説く教師に感化された生徒たちは次々と入隊を志願し、教室を後にした。主人公のポールもその1人で、自ら志願して西部戦線へと赴き、同級生のフランツらと共に同じ内務班に配属された。

時代	挑戦レベル	国・地域
1930年（紀元前 11c 12c 13c 14c 15c 16c 17c 18c 19c **20c** 21c）	★★★★☆	ドイツ

ポールたち新兵訓練の教官は元郵便配達員で、入隊前の砕けた口調とは変わり、厳格な態度でポールたちを叱りつけた。厳しい訓練が続くなか、ポールたちは横暴な教官に対して不満を募らせていく。その後、その教官はひと足先に前線へ送られることが決まり、出征の前日に祝いの席が設けられた。主人公たちは教官が泥酔して宿舎へ帰ってくるのを待ち伏せし、これまでの鬱憤を晴らすかのように袋叩きにした。

やがてポールたちはフランス軍と対峙する西部戦線へと送られ、最初の任務として鉄条網の敷設を命じられた。砲弾が飛び交う戦場で、ポールたちは爆発音がするたびに怯えながら作業を続けるが、級友の1人が砲弾の犠牲となり死亡した。訓練とは違う本物の戦争を目の当たりにして、ポールたちは強いショックを受けた。

他の隊への移動が決まったポールたちは、塹壕(ざんごう)で待機する日々を過ごすことになった。断続的な砲弾の音に怯え、次第にストレスを募らせていき、ついに精神に異常をきたした級友が塹壕から飛び出して重傷を負った。やがて戦闘準備の合図がかかり、フランス軍との実戦が始まると、機関銃や手榴弾(てりゅうだん)による激しい戦闘でポールの隊は半分が犠牲となった。

『西部戦線異状なし』 エーリヒ・マリア・レマルク

ある日の戦闘中、ポールは砲弾を避けるため窪みに潜み、そこへ飛び込んできたフランス兵をとっさに突き刺してしまう。銃撃が絶え間なく続くなか、フランス兵は虫の息で生きており、ポールは罪悪感に苛まれながら必死に看病するが、朝になってフランス兵は息を引き取った。彼の胸元には、妻と娘と思しき人物が写った写真が挟まれていた。それを見つけたポールは遺体に向かって涙を流して謝り、必ず彼の家族に手紙を書くと誓った。

束の間の休息ののち、ポールは腹部を負傷し、病院へ運ばれた。死に際の患者が入れられ、これまで誰1人としてそこから戻ってきた者はないと言われる「死の部屋」に入れられるが、そこから生還し、無事に退院した。

休暇を得たポールは実家に戻り、家族との3カ月ぶりの再会を喜んだ。しかし、実際の戦場を知らない父親とその友人たちの無責任な話に耐えかね、母校へと向かった。

かつての教師は相変わらずの様子で、ポールを理想的な若者だと褒め称え、生徒たちの前で話をしてほしいと頼んだ。ポールは戦場の悲惨さを語り、祖国のために命を犠牲にする必要はないと伝えるが、失望した教師や生徒たちから臆病者と罵られた。

ポールは休暇を切り上げて前線に戻った。兵舎に戻る途中、空撃が始まり、ポールは足を負傷した仲間を背負って病院へ向かった。その間も砲撃は絶え間なく続き、そのうちの1発が背負った仲間の命を奪った。ポールはそのことに気づかず、背中の仲間に話しかけ続けながら歩き、病院に到着した。仲間がすでに亡くなっていることを知らされたポールは、再び戦闘に戻っていった。

雨上がりのある日、珍しく戦場は静かだった。塹壕の中でポールは視線の先に蝶を見つけ、つかまえようと手を伸ばし、身を乗り出した。その瞬間、ポールは敵兵に狙撃され、命を落とした。ポールが死んだ後も戦争は続き、その日の報告には「西部戦線異状なし」と記された。

教訓

この物語は戦争がいかに悲惨であるかを描き、それにもかかわらず戦場に行っていない人々がその実情に気づくことは難しいということを示唆しています。実際に

『西部戦線異状なし』 エーリヒ・マリア・レマルク

戦争を経験した人々の苦悩は、他の人々には理解されないものです。多くの人命が失われても、それが当たり前のように扱われ、「異状なし」と報告される戦争の現実を描いています。

『西部戦線異状なし』というタイトルは、主人公が西部戦線で命を落としているにもかかわらず、「異状なし」とされる戦争の残虐さや悲惨さを表しています。ニュースでも、「今日はこんな戦況だった」「これによって何人死んだ」と戦況が無機質に伝えられますが、そのこと自体が不自然であると言えます。

この原稿を書いている現在もウクライナで戦争が続いていますが、我々はメディアを通じてしか情報を得ることができません。我々は、それを無意識のうちに無視してしまっているのかもしれません。**たった一言で語られる戦況の背後には、1人ひとりの命と人生があります。**

日本は終戦から久しく、今、戦場となっている地域とは距離があるため、物理的にも時間的にも戦争から距離のある状態です。それでも戦争は現実に起こり、今も地球のどこかで戦乱に苦しめられている人がいます。こうした現実を理解し、意識することが我々に求められているのではないでしょうか。

作者の自伝的長編小説

『車輪の下』

ヘルマン・ヘッセ

教訓

過度な期待が原因で、人は車輪の下敷きになる。

ストーリー

南ドイツの小さな田舎町に商人の息子として生まれた主人公は、非常に優れた頭脳の持ち主だった。主人公の暮らす地域では、裕福でない家庭の秀才は、州の試験を受けて国費で勉強できる神学校に入り、大学を経て牧師か教師になるのが通例であった。将来を嘱望されていた主人公は、周囲の期待に応えるべく猛勉強に励む。繊細な性格ゆえに試験当日はひどく緊張しながらも、見事に2番の成績で合格する。

時代	挑戦レベル	国・地域
1906年（紀元前 11c 12c 13c 14c 15c 16c 17c 18c 19c **20c** 21c）	★★☆☆☆	ドイツ

神学校が始まるまで7週間の夏休みを得た主人公は、久々に自由な時間を満喫した。しかし、町の牧師を訪ねると、神学校での学問に備えた予習を勧められ、再び勉強に精を出すようになる。やがてしきりに頭痛に悩まされるようになり、体はやせ細り、顔色も悪くなっていった。

夏休みを終えると、主人公は故郷を離れて神学校での寄宿生活を始める。同じ部屋のハイルナーは勉強に対して不真面目で、奔放な気質で空想家の詩人であったが、主人公とは妙に気が合った。主人公は彼の生き方に影響を受け、勉強に身が入らなくなり、徐々に成績を落としていった。2人は周囲から浮いた存在として見られるようになった。主人公は再び頭痛を患い、体はやつれ、神経も衰弱していった。そんな折、ハイルナーが脱走騒ぎを起こし、退校処分となる。親友を失った主人公はいよいよ精神を病み、学校を去ることになった。

故郷へ戻ってしばらく静養していた主人公は、周囲から白い目で見られ、時折死を思うこともあった。しかし、近所の娘に恋をしたことで、主人公は活力を取り戻す。その後、旧友のアウグストが機械工の見習いになっていたことと、父親の勧めもあり、主人公はアウグストの親方のところへ弟子入りする。結局、恋は実らなかったが、職人修行には何とか食らいついていくことができた。職場にも馴染むことができ、主人公にはようやく今後の人生の道が見え始めていた。

働き始めて最初に迎えた日曜日、主人公はアウグストに誘われて職人仲間と一緒に酒場へ出かけた。いろいろな話で盛り上がり、初めて飲む酒の味も悪くないものだったが、主人公は酔いが回って意識がもうろうとしてきた。そのまま1人で店を出ると、帰り道で足を滑らせて川に落ち、翌日、息絶えた姿で発見されるのだった。

教訓

本作は、周囲の高い期待に押し潰（つぶ）されそうになる主人公の物語です。ちなみに、作者のヘルマン・ヘッセも神学校に通っていましたが退学し、15歳で自殺未遂をしました。そのため、この作品は自伝的小説とも言われています。**周囲からの期待というのは、とても厄介なもの**です。優秀であればあるほど周囲の期待は高まり、それに応えられないと落ちぶれたとみなされます。本当は自分が幸せであれば、周りの人の目なぞ気にしなくてよいはずですが、人間はその期待を自然と受け入れ、知らず知らずのうちに、自らを「車輪の下」に置いてしまうのです。

現代でも、期待に押し潰されそうになる人は多くいます。SNSが発達した今の世の中では、少し目立つとすぐに人の評価に晒(さら)されます。些細なミスでも炎上し、多くの人から非難されてしまいます。そんな「車輪の下」に自分の身を置きがちな現代だからこそ、最近の子どもたちは、目立つことを極端に嫌がると言われています。『先生、どうか皆の前でほめないでください』（金間大介 著）という本もベストセラーになっています。期待されたくない、目立ちたくない、という気持ちは広く浸透しているように思います。

しかし、この作品では、そこから脱する手段も描かれています。他人と比べず、純粋な喜びを得ることもできるのです。主人公は、自分の手で物作りをすることに喜びを感じ、自分の人生に希望を見出します。最終的には死んでしまいますが、幸せな気持ちのまま死を迎えることができたのは、主人公にとって救いだったのかもしれません。過度な期待を一身に浴びると、車輪の下敷きになってしまいます。その車輪は、**他ならぬ自分自身がつくり出しているもの**なのかもしれません。この作品にはそんな教訓が込められているのではないでしょうか。

「戦争とは何か」を突き詰める

『戦争論』

カール・フォン・クラウゼヴィッツ

教訓

主軸を倒さなければ、戦争は終わらない。

ストーリー

この本では、「戦争」とはどのようなものなのかを教えてくれる。

まず、「戦争とは、相手に自らの意思を強要するために行う力の行使である」と説く。個人の決闘における目的（自らの意思を強要すること）、目標（敵を倒すこと）、手段（暴力）の関係は、決闘の拡大である戦争にも当てはまる。戦争の目標（敵を倒すこと）は、本来の目的（自らの意思を強要すること）とは異なるが、いったん戦闘が始まると、交戦

時代 | 挑戦レベル | 国・地域
1832年
紀元前 11c 12c 13c 14c 15c 16c 17c 18c 19c 20c 21c | ★★★★☆ | ドイツ

している両者にとって目標（敵を倒すこと）が戦争の目的そのものとみなされ、戦争が自己目的化する。つまり、戦争は政治的動機によって引き起こされる政治的行為であるが、始まった瞬間から戦争は政治に取って代わり固有の法則に従うものとなる。

戦争における最大の特徴は暴力の行使であり、戦争に関するあらゆる事象は暴力を前提に成り立っている。したがって、戦争に人道主義や善意の感情を持ち込むのは間違っている。戦争には暴力の応酬、恐怖の増幅、力の増大という3つの相互作用があり、理論的には暴力の行使が際限なくエスカレートする。

戦争は、過去の国家活動や国家関係と切り離されて突然勃発することはない。だからこそ交戦する双方は、相手の状況や環境などから敵の取り得る行動を予測して、自らの行動方針を定める。そのため、現実の戦争は費用対効果やリスク計算などに左右され、暴力の行使が理論どおりに極限まで至ることはない。

軍事行動は、攻撃と防御という全く異なる2つの方式に分かれる。防御は攻撃よりも強力な戦闘方式であり、しかもその差は一般に信じられているよりもずっと大きい。防御のほうが強力であれば、防御側は戦闘を継続して将来の情勢の変化や敵の戦闘力の減退を待つことができるためである。

戦争における勝利（政治的目的の達成）のための方法論が戦略であり、そこでは精神的要素、物理的要素、数学的要素、地理的要素、統計的要素の5つの要素が考慮される。戦略上の原則として、基本的に自軍の戦力が相手より優越している状態を獲得しなければならない。相対的な優勢を獲得するためには奇襲が必要であり、これを成功させる要素は秘密の保持と迅速さである。奇襲が成功すれば相手に与えるダメージが大きいが、単に奇襲しただけでは勝利を確実には得られず、また適切に行わないとかえって大きな損害を被る場合がある。

戦争における情報は不確実なので、将軍は敵情に関する判断を誤りやすくなる。また、人間の本性は敵の勢力を過小評価するよりも過大評価する傾向にあるため、軍隊はしばしば誤った行動を起こす。そのため、不完全な判断によって遂行される戦争に偶然性が伴い、あいまいさや不確実性に対応するために勇気といった精神的な力が重要な役割を果たす。勇気と慎重な計算は一致することがありえるが、計算は勇気とは異なる精神的な能力に属する。

戦争を計画する場合や戦時の重大な判断は、軍ではなく政治によって決定されるべきである。戦争の計画と実行には、軍事ばかりでなく、外交、経済、財政、金融、産業、科学技術など国家のすべての機能が必要であり、これらを総合・調整できるのは政治だけだからである。

戦争の政治的目的は自国に有利な講和条約を結ぶことで達成されるが、そのためには理論上は、敵の軍事力、国土、意志の3つを撃滅し、その後の抵抗を不可能にしなければならない。もちろん、その3つのすべてを倒すことは不可能なので、相手の「主軸」を倒すことさえできればよい。

しかし、「主軸」を見誤ると戦争が長引くこともあり、講和条約が締結されても戦闘がふたたび勃発することも珍しくない。

戦争はそれ自体だけで完全な解決をもたらすものではないため、政治は真の問題解決、すなわち平和の回復に向けて戦争を指導しなければならない。

教訓

戦争における「勝ち」とは一体何なのか、ということがこの本では語られています。戦争に勝つためには、「理論上、敵の軍事力、国土、意志の3つを撃滅し、その後の抵抗を不可能にしなければならない」とされていますが、それは現実的には難しいことです。だからこそ、政治の役割が必要となります。このことは、現在でも続く教訓の1つだと言えるでしょう。

この本から学ぶべきポイントは、「主軸」という考え方です。主軸は、その国の状態や戦争の進展によって変化します。例えば、それが首都の場合もあれば、軍隊や指導者の場合もあります。ドイツもフランスも、ロシア（ソ連）と戦争する際に首都モスクワを陥落させました。首都を陥落させたのですから、ドイツやフランスの勝ちのように思えますが、実際にはその後の戦いで負けています。

逆に、ロシアは日露戦争で、日本にロシア国内をあまり攻め込まれないまま、日本有利の停戦に調印をしました。これはバルチック艦隊をはじめとする軍隊の敗北がロシアにとっての主軸だったのではないか、という見方もできます。

相手が負けを認めるには、相手の主軸を倒す必要があります。そのためには、相手の主軸がどこにあるのかを見極めます。もし相手の主軸を見誤ると、首都を陥落させても戦争自体に負けてしまったり、予想以上に戦争が長引いてしまったりすることもあります。

太平洋戦争のときにアメリカが日本に対して驚いたのは、「こんなに負けが続いているのに、なぜ日本は降伏しないのか？」ということでした。アメリカは「さすがに領土を占領すれば戦争は終わるだろう」と考えましたが、沖縄を占領しても一向に日本が降伏する気配はなく、「どうすれば日本は降伏するのか？」と悩んだと言います。これも、日本の「主軸」が何であるかをアメリカが見極められなかったという話に近いと思います。

どんなものにも主軸があります。国にも主軸があるように、**我々の人生にも主軸があります。何が自分の人生にとって重要なのか**を考える必要があることを、この本は教えてくれています。

シュトラウスが交響詩まで作ってしまった

『ドン・キホーテ』

ミゲル・デ・セルバンテス

教訓

物語さえあれば、無限の力を得ることができる。

ストーリー

ラマンチャのとある村の貧乏郷士(ごうし)アロンソ・キハーノは、騎士道物語を愛好し、常日頃読み耽(ふけ)っていた。ついにはそれが高じ、自らも騎士道物語に登場する騎士たちのように、遍歴の旅に出て世の不正を正さなければならないと考えるようになった。自分がもつ痩馬を名馬ロシナンテ、近所の百姓娘を愛しの姫ドゥルシネーアに見立て、自らはドン・キホーテ・デ・ラマンチャと名乗ることにした。出発して早速、道

時代	挑戦レベル	国・地域
1605〜1615年 紀元前 11c 12c 13c 14c 15c 16c 17c 18c 19c 20c 21c	★★★★☆	スペイン

中にある旅宿を城、旅宿の主人を城主だと思い込み、宿の馬方らと一悶着を起こす。さらに、自分から言いがかかりをつけた商人たちには散々に打ちのめされ、ラマンチャの故郷に担ぎ込まれることになった。村の司祭と床屋たちはドン・キホーテの狂気の原因となった騎士道物語の本を焼却するが、ドン・キホーテは村の百姓サンチョ・パンサを従者として再び旅に出る。

2度目の旅での最初の出来事は、風車との闘いである。ドン・キホーテは、立ち並ぶ何十基かの風車を巨人の群れと勘違いし、突撃するのだった。当然のごとくドン・キホーテは風車の羽で吹き飛ばされるが、正気に戻るどころか自分の活躍を妬む魔法使いが巨人を風車に変えてしまったという妄想を抱いた。

この調子でドン・キホーテはサンチョ・パンサと共に、あちこちで珍事件を引き起こす。あるときは、羊の群れを合戦中の軍勢と勘違いして突撃し、羊飼いに打ちのめされる。また、別の場面では、床屋がかぶっていた金盥(かなだらい)を黄金の兜と勘違いし、襲い掛かって強奪する。しかし、どれだけひどい結果になろうとも、ドン・キホーテは騎士物語の内容を持ち出していいように解釈し、決して旅を諦めることはなかった。

あるときドン・キホーテは山中にこもり、ドゥルシネーア姫を思いながら彼女への手紙を認(したた)めた。その手紙を届けるために、サンチョ・パンサは故郷の村へ帰る。彼からドン・キホーテの様子を聞いた司祭と床屋は、なんとしてもドン・キホーテを村に連れ戻すしかないと判断し、作戦を練った。そして、ドン・キホーテが「困っている女性を助けるのは騎士の務め」と信じている心理を利用して、司祭がドン・キホーテに助けを求める乙女に、床屋がその従者に変装して彼を村に連れ戻す計画を立てた。司祭たちは、道中で出会った若者カルデーニオやドロテーアという娘、カルデーニオの想い人ルシンダ、ルシンダをカルデーニオから奪ったドン・フェルナンドなど、さまざまな人物と旅を共にしながら、ついにドン・キホーテを捕らえて檻に閉じ込めることに成功する。

村に帰る道中にも、ドン・キホーテの妄想が原因となる騒ぎが発生する。散々に打ちのめされたドン・キホーテを助け起こしながら、サンチョ・パンサは彼に、一度村に帰って態勢を立て直すことを勧めた。「よく申したぞ、サンチョ」とドン・キホーテは、サンチョ・パンサの提案に乗り、「それに、今流れる星の悪い力をやりすごすというのは、きわめて賢明な策と申すものであろう」と続けた。

こうしてドン・キホーテは、いずれ訪れるであろうもっと偉大な旅への準備のために、しばらく村で静養することにした。

ドン・キホーテの物語にはいろいろな版があり、ここで物語が終わるものもあるが、いくつかの版では、この後ドン・キホーテが病気になって正気を取り戻すが、すぐに亡くなってしまうところで物語が終わる。

教訓

ドン・キホーテの姿は愚かにも見えますが、同時にかっこよくも見えます。彼は妄想に囚われた哀れな男のようでもあり、逆に理想を貫く強い意志を持った男のようにも見えます。このように、『ドン・キホーテ』については複数の見方や解釈ができ、どちらとも取れるのが、この作品の面白いところです。コミカルに描かれているシーンもあれば、ドン・キホーテが意外にも冴えた考えを発揮して物事を好転させるエピソードもあります。こうしたなかで1つ確かなことがあります。それは、「人間は物語があれば生きていける」ということです。

物語の登場人物に自身を投影し、自分のことを騎士だと思い込んでいるドン・キホーテ。この設定はコミカルでギャグのようですが、実は我々にとっても共感できるものです。例えば、漫画を読んで「この登場人物の気持ちが分かる」と感じたり、「あの漫画の主人公ならどう考えるかな？」と考えて自分の行動を変えたりすることもあるのではないでしょうか。ドン・キホーテのように、自分のことを物語の登場人物だと思い込む人はほとんどいないと思いますが、「これが漫画だったら……」「これが小説だったら……」と考えることで、勇気が湧いてくることはあります。自分の人生を物語に見立てて「これが小説だとしたら、ここで逃げたら面白くなくなってしまうな」とか、「自分の人生が漫画だったら、ここでこの道を選んだほうが楽しくなるだろう」などと考える〝物語への没入〟が人に勇気を与えてくれるわけです。

ドン・キホーテは、物語に没入しているので無敵です。誰も彼には敵いません。彼を止めようとする人々も、彼の物語に入り込み、その物語の登場人物として振る舞うことでしか彼を止めることができませんでした。皆さんもドン・キホーテのように、物語に没入して無謀な挑戦をするのはいかがでしょうか。

『ドン・キホーテ』 ミゲル・デ・セルバンテス

シェイクスピアの四大悲劇の1つ

『ハムレット』

ウィリアム・シェイクスピア

教訓

極限まで悩むことで、光明が差す。

ストーリー

デンマーク王国の王子ハムレットは、ある日、尊敬する亡き父であり先王の亡霊と対面する。亡霊はハムレットに、不慮の事故で死んだとされている自身の本当の末路について語る。実は彼は、父の弟であり現国王のクローディアスによって毒殺されたのだという。ハムレットは亡き父の無念を晴らすことを固く決意し、発狂したふりをしながら王への復讐の機をうかがった。一方、ハムレットは、王国の重臣

時代	挑戦レベル	国・地域
1601年頃（17c）　紀元前 11c 12c 13c 14c 15c 16c 17c 18c 19c 20c 21c	★★★☆☆	イギリス

ポローニアスの娘オフィーリアに思いを寄せていた。オフィーリアもまたハムレットを慕っていたが、ポローニアスと兄のレイアーティーズは、彼女にハムレットの言葉に惑わされぬよう忠告し、レイアーティーズはフランスへ旅立つ。

ハムレットが狂気を装うようになると、ポローニアスは娘オフィーリアに対する恋煩いが原因ではないかと疑う。ハムレットの狂気の原因を確かめるために、現国王とポローニアスは物陰に隠れて、オフィーリアとハムレットの会話を盗み聞きすることにした。ハムレットは、「尼寺に行け」など、今までの愛情が冷めたかのような冷酷な言葉をオフィーリアに浴びせる。オフィーリアは悲嘆に暮れ、現国王はハムレットに何か企みがあるのではないかと疑念を抱くようになった。

場面は変わり、宮廷で演劇が行われた。国王や王妃、ポローニアス、オフィーリアとハムレットも観劇の場にいたが、ハムレットは一計を案じ、劇に国王の所業を示唆する内容を加えるよう役者に命じた。国王はハムレットの計略を悟って動転し、王妃はハムレットを自室に呼び出して事情を説明するように求める。ポローニアスは壁掛けの後ろに隠れて王妃とハムレットの会話を盗み聞くが、ハムレットは彼を国王と誤って殺害してしまう。この件で、ハムレットは国を出てイギリスに行くよう国王に命じられた。オフィーリアはハムレットの変貌と父ポローニアスの死によって発狂する。やがてオフィーリアの兄レイアーティーズがフランスから帰国し、父の仇と早合点して国王に迫るが、国王は彼を説得し、共にポローニアスを殺したハムレットを暗殺する計画を立てた。そこにオフィーリアの死の報せが舞い込む。

一方、ハムレットは、イギリス行きの船から脱出し、デンマークに戻った。デンマークに戻ったハムレットが墓掘人たちと話しているとき、葬式のために国王や王妃、レイアーティーズがやってきた。葬式がオフィーリアのものであると知り、ハムレットは悲嘆に暮れるレイアーティーズの前に思わず飛び出してしまう。その場で掴み合いになる2人だが、国王らに仲裁された。後日、国王と王妃の前で、ハムレットとレイアーティーズの剣術試合が行われた。しかし、国王とレイアーティーズの謀議により、レイアーティーズの剣先とハムレットに飲ませる酒杯の中には毒が仕込まれていた。試合中、レイアーティーズに激昂したハムレットはレイアーティーズが持つ毒の剣を奪い傷を負わせた。さらに、毒入りの酒杯はハムレットではなく王妃が飲んでしまい、王妃は死んでしまう。レイアーティーズは事の真相をハムレットに打ち明けた後、事切れた。すべての真相を知ったハムレットは、父の仇である国王をとうとう殺害し、周囲の者に後を託して息絶えた。

教訓

ハムレットは、常に悩み続けます。「To be, or not to be, that is the question.（生きるべきか死ぬべきか、それが問題だ）」という一節がありますが、これは「このまま生きるべきか死ぬべきか」とも、「やるべきかやらざるべきか」「世にあるべきかそうすべきでないか」とも訳されます。父の仇を討って復讐するのか、そのことを忘れて生きるのか。理性と感情の狭間で揺れ動き、悩み続ける彼の姿は、我々の人生にもつながります。最終的に、彼は愛する者を捨て、自分の命を賭けてまで復讐する道を選びます。その過程での葛藤や悲劇の数々は本を読んで確かめていただきたいと思いますが、ここで重要なのは、「悩み続けた」ということです。気高く生きたいのであれば、悩んで、迷って、そして選ばなければなりません。**悩み続ける中にしか答えはなく、迷い続ける中でしか到達できないものがあります。**この作品は、人間しか持ち得ない〝悩み〟というものの意味を教えてくれているのではないでしょうか。

『ハムレット』　ウィリアム・シェイクスピア

本はいつ読んでいるか?

「本はいつ読んでいるか」と聞かれると、答えに困ってしまいます。なぜなら、僕は「この時間にこの本を読もう」と時間を決めて読んでいるわけではなく、いつでも読んでいるからです。電車での移動中や車の中、夜寝る前、さらには風呂に入っているときも本を読んでいます。

ただ、本を読むときに1つだけ気をつけていることがあります。それは「気になったらすぐに読む」ということです。

例えば、誰かとの会話をきっかけに「そういえば、この前読んだ本にこんなことが書かれていたな」と思い出したら、すぐにスマホでそのページを確認します。

また、食事の席で誰かに「こんな本が面白かったんだよ!」と勧められたら、その場で電子書籍を買います。「後で読もう」とするとそのこと自体を忘れてしまったり、「何の本だったっけ?」とタイトルを思い出せなくなったりするので、「読む」ことへのハードルを下げるためにも、「すぐに買って、すぐ読む」ことにしています。これが読書の機会を失わない、僕の最善策です。

西岡壱誠 Issei Nishioka

現役東大生／株式会社カルペ・ディエム代表
1996年生まれ。偏差値35から東京大学を目指すも、現役・1浪と、2年連続で不合格。崖っぷちの状況で開発した「暗記術」「読書術」「作文術」で偏差値70、東大模試で全国4位になり、東大(文科二類)合格を果たす。そのノウハウを全国の学生や教師たちに伝えるため、2020年に株式会社カルペ・ディエム(https://carpe-di-em.jp/)を設立、代表に就任。全国の高校で「リアルドラゴン桜プロジェクト」を実施し、高校生に思考法・勉強法を教えているほか、教師には指導法のコンサルティングを行っている。テレビ番組『100%!アピールちゃん』(TBS系)では、タレントの小倉優子氏の早稲田大学受験をサポート。また、YouTubeチャンネル「スマホ学園」を運営し、約1万人の登録者に勉強の楽しさを伝えている。シリーズ累計45万部突破『「読む力」と「地頭力」がいっきに身につく 東大読書』(東洋経済新報社)ほか著書多数。

著者エージェント：アップルシード・エージェンシー

名作に学ぶ
人生を切り拓く教訓50

発行日 2024年10月18日(初版)

著者 西岡壱誠
編集 株式会社アルク 出版編集部
編集協力 結城すず
デザイン 新井大輔 中島里夏(装幀新井)
DTP 装幀新井
イラスト 丹地陽子
印刷・製本 萩原印刷株式会社
発行者 天野智之
発行所 株式会社アルク
〒141-0001 東京都品川区北品川6-7-29
ガーデンシティ品川御殿山
Website https://www.alc.co.jp/

落丁本、乱丁本は弊社にてお取り替えいたしております。
Webお問い合わせフォームまでまでご相談ください。
https://www.alc.co.jp/inquiry/

Printed in Japan. PC：7025001 ISBN：978-4-7574-4093-7